P9-ARP-220

L'IMMIGRATION
EMMANUEL VAILLANT

LES ESSENTIELS MILAN

Sommaire

Les mots suivis d'un astérisque (*) sont expliqués dans le glossaire.

L'immigration en France

Si aujourd'hui la France compte 4,2 millions d'immigrés et 3,6 millions d'étrangers parmi 58 millions d'habitants, l'immigration concerne toute la population française. De la crise sociale des banlieues à l'affirmation de l'islam, de l'échec scolaire à la persistance du chômage, de l'implantation du Front national aux mouvements de xénophobie, ce thème est au cœur de l'actualité. En quoi les immigrés ont-ils influé sur la démographie et l'économie française ? Quelle est la réalité de la présence étrangère en France ? Comment les différentes nationalités s'intègrent-elles ? Que signifie de nos jours être un jeune issu de l'immigration ? Comment chacun affirme-t-il des identités multiples ? Voilà quelques-unes des interrogations auxquelles cet ouvrage veut tenter de répondre. Certes, sans prétendre aborder ce thème complexe de façon exhaustive, il entend rompre avec les fausses évidences qui nourrissent les polémiques.

Définir l'immigration

Le terme d'immigration désigne à la fois un mouvement et le résultat de ce mouvement. Français, immigrés et étrangers, tous appartiennent à la population française, mais sont tantôt confondus, tantôt distingués, à tort.

Chiffrer l'immigration

Les recensements de la population française qui ont lieu tous les 7 ou 8 ans (le dernier date de 1990) sont les sources d'informations les plus fiables et les plus précises sur l'immigration. Au-delà, les données chiffrées reposent sur des estimations établies à partir de sondages.

Au-delà des fausses évidences

Si par définition l'immigré est celui qui est « venu de l'étranger », dans le langage courant il est celui que l'on croit reconnaître d'après une nationalité supposée, un statut social, une apparence, une couleur de peau... Pour exemple, un cadre supérieur américain travaillant en France sera plus rarement qualifié d'immigré qu'un jeune chômeur né dans l'Hexagone de parents algériens. Or, l'un est un immigré étranger, l'autre, français de naissance, n'est jamais venu du pays d'origine de ses parents.

L'immigré n'est pas forcément un étranger

Immigré ou étranger ? Ces deux termes recouvrent deux réalités distinctes. Le premier fait référence au mouvement d'un pays d'origine à un pays d'accueil, le second à une nationalité. Tous les étrangers ne sont donc pas forcément des immigrés. Certains sont nés en France et gardent la nationalité de leurs parents étrangers. Inversement, les immigrés ne sont pas nécessairement des étrangers, nombre d'entre eux étant devenus français après leur installation sur le territoire.

4,2 millions d'immigrés et 3,6 millions d'étrangers

Français ou étrangers ? Tous, se trouvant sur le sol français, appartiennent à la « population

Source INSEE,
recensement 1990

**Ensemble des Français :
53,1 millions**

Français de naissance
ou par acquisition nés en France :
51,8 millions

Français par acquisition nés hors de France :
1,3 million

**Ensemble
des immigrés :
4,2 millions**

Étrangers nés hors de France :
2,9 millions

Étrangers nés en France :
0,7 million

**Ensemble des étrangers :
3,6 millions**

française ». Le recensement s'effectuant sur le seul critère de la nationalité, en 1990, 53,1 millions de Français et 3,6 millions d'étrangers ont été comptabilisés. Quant aux immigrés, évalués d'après leur lieu de naissance à l'étranger, ils étaient cette même année 4,2 millions dont 2,9 millions d'étrangers et 1,3 million de Français par acquisition. On distingue en effet les immigrés devenus français et ceux restés étrangers.

Français sans distinction d'origine

Français « de souche » ou « d'origine étrangère » ? Chacun est tenté d'interroger ses origines en remontant le temps, comme pour légitimer sa place dans la société. Or, cette quête est non seulement vaine, tant les racines sont entremêlées, mais elle est surtout discriminatoire. En fonction de quelle histoire ou sur quels critères d'ancienneté peut-on établir qu'Untel est plus français qu'un autre ?

Différencier sans discriminer

**Le principe de
non-discrimination**

En France, à la différence des pays anglo-saxons, toute référence dans les statistiques à l'origine ethnique, sociale et religieuse est jugée discriminatoire. Ce principe connaît une seule entorse, en 1940, sous le régime de Vichy, durant lequel environ 15 000 Français naturalisés, juifs pour la plupart, sont déchus de leur nationalité.
Ce fait donne au principe de non-discrimination toute sa légitimité.

Cependant, comprendre l'immigration impose d'étudier toutes les trajectoires des populations concernées et notamment des enfants nés en France de parents immigrés qui sont pour la plupart français. Pour ce faire, le seul critère de nationalité se révèle inutile. C'est pourquoi, dans un souci explicatif, on parle de « populations issues de l'immigration ».

Les immigrés ne sont pas forcément des étrangers et les étrangers pas nécessairement des immigrés. Parmi les immigrés, certains sont devenus français. Étrangers, Français ou immigrés, tous sont issus de l'immigration.

Aux origines de la nation française

Au carrefour de l'Europe, la France s'est constituée par vagues successives de populations qui se sont fondues dans un ensemble commun, une nation en construction.

Terre de métissages

Il y a deux millions d'années, les premiers habitants qui ont peuplé la France dans ses frontières actuelles étaient déjà des émigrants, issus du continent africain. Plus tard, au premier millénaire avant notre ère, les Celtes partis d'Orient, voire d'Asie Mineure, s'imposent et donnent naissance aux Gaulois. La légende en fera « nos ancêtres ». Mais dans les faits, les descendants de Vercingétorix se perdent dans les multiples invasions qui vont suivre. À la suite des Romains, les « barbares » se succèdent à partir du IVᵉ siècle : les Francs, les Alamans, les Wisigoths, les Burgondes, les Huns, etc. Enfin, aux IXᵉ et Xᵉ siècles, les Hongrois, les Sarrasins et les Normands envahissent l'empire de Charlemagne. Depuis la préhistoire, ces vagues de peuplement ont façonné la diversité régionale de la population française.

Un pays en mosaïque

Au XIᵉ siècle, les grandes migrations sont plus rares. Progressivement unifiée par le christianisme, la France du Moyen Âge est une mosaïque de peuples qui s'enracinent localement en préservant chacun leurs coutumes et leur patois. L'étranger (du latin *externeus*) est celui qui est « extérieur au pays », un « pays » qui se limite à une région ou à un simple village. Pour renforcer leur pouvoir, seuls les seigneurs s'intéressent aux « aubains », terme désignant ceux qui appartiennent à un autre royaume. Au XVᵉ siècle, Louis XI protège les marchands étrangers qui apportent de nouvelles techniques. L'Europe défile à la cour de France où mariages et alliances se font et se défont sans vraiment tenir compte de frontières encore floues. Artistes italiens, drapiers hollandais, imprimeurs germaniques, merce-

naires suisses ou espagnols se succèdent auprès des souverains.

Certains marqueront l'histoire et la culture françaises, tels le cardinal Mazarin, le compositeur Lully, tous deux d'origine italienne, ou encore le philosophe Jean-Jacques Rousseau, né à Genève en 1712.

Vers l'unité nationale

Du XVIᵉ au XVIIIᵉ siècle, la France est une terre de départ vers le reste du monde plus qu'une terre d'arrivée. Dans les campagnes, on se dit picard, normand, alsacien, basque ou breton plutôt que français. Dans les villes, l'étranger appartient à l'élite cosmopolite*. On ne peut donc faire de véritable distinction entre un Français et un étranger.

La révolution de 1789, avec ses idéaux de liberté et d'égalité, confirme cet état de fait en offrant aux étrangers les mêmes droits qu'aux citoyens français. Mais la guerre contre l'Autriche, la Prusse et l'Angleterre menace bientôt l'unité de la République et ses frontières. Une suspicion s'installe vis-à-vis de tous ceux qui n'appartiennent pas à la « République ». L'idée de nationalité s'impose alors face à l'étranger. Les droits publics et politiques deviennent un attribut exclusif de la citoyenneté française.

« Il y a eu, à travers la Gaule, indépendamment des "invasions", une constante perfusion de sang barbare .» **Fernand Braudel, *L'identité de la France*, Arthaud-Flammarion, 1986.**

Ci-contre : Attila et son armée en marche sur Paris. **Jules Elie Delaunay (1828-1891).**

La population française résulte d'une multitude de métissages qui ont débuté aux âges préhistoriques. Un processus d'assimilation aboutit à la constitution d'une nation dans laquelle l'étranger tient une place à part.

SITUATIONS   ENJEUX   APPROFONDIR

Le tournant du XIXe siècle

La première vague d'immigration en France, phénomène désigné en tant que tel, coïncide au milieu du XIXe siècle avec un fort développement économique. Mais cette main-d'œuvre étrangère, en majorité belge et italienne, doit bientôt faire face à l'hostilité de la population française.

La vague de 1850 à 1881

La révolution industrielle transforme radicalement l'économie française. Des hauts-fourneaux aux usines textiles, le besoin en ouvriers non qualifiés s'accroît tandis que l'agriculture occupe encore plus de la moitié de la population active*. Les paysans restant attachés au travail de la terre et les classes moyennes (comme les commerçants) s'étoffant, le recours à une main-d'œuvre étrangère est indispensable pour faire tourner les usines. Ouvriers belges, italiens, espagnols, allemands et suisses qui jusqu'alors travaillaient épisodiquement en France sont désormais incités à affluer vers les centres industriels. Cette immigration est aussi encouragée pour combler un déficit démographique. Ainsi, en 30 ans, le nombre d'étrangers s'accroît-il de 380 000 en 1851, date du premier recensement national, à plus d'1 million en 1881, soit, en proportion, de 1 à 2,6 % de la population française.

Belges et Italiens en tête

Employés dans l'industrie textile ou minière du Nord, les Belges forment la plus importante communauté étrangère. À partir de 1900, ils sont supplantés par les Italiens. Ceux-ci travaillent dans le bâtiment, les mines, les ports, la métallurgie et l'industrie chimique. Ils forment avec les Belges les deux tiers des effectifs étrangers, devant les Espagnols, les Allemands et les Suisses. Vivant dans des conditions souvent précaires mais bénéficiant quasiment des mêmes droits que les Français, une partie d'entre eux s'installent définitivement avec leur famille. En 1891, la France compte 1,1 million d'étrangers dont un tiers est né sur le territoire.

Premières violences xénophobes

Accusés de « faire baisser les salaires » ou de « prendre le travail des Français », les Belges, surnommés les « pots d'beurre », sont

« Ils arrivent, telles des sauterelles [...] Ils sont sales, tristes, loqueteux. Tribus entières immigrant vers le Nord, où les champs ne sont pas dévastés, où on mange, où on boit, ils s'installent chez les leurs, entre eux, demeurant étrangers au peuple qui les accueille, travaillant à prix réduit, jouant tour à tour de l'accordéon et du couteau. » Extrait d'un article du journal *La Patrie* en 1896.

décrits comme des « brutes ». Les Italiens, fervents catholiques, sont traités de « Christos » par des ouvriers français en lutte pour la laïcité. En août 1893, à Aigues-Mortes, plusieurs centaines d'entre eux seront même lynchés. Les réfugiés politiques, notamment des Russes et des Juifs chassés d'Europe centrale, ne sont pas épargnés par une xénophobie* qui s'explique plus par des raisons politiques et culturelles qu'économiques.

Une « identité française » en construction

À la fin du XIXᵉ siècle, le refus de l'autre, de celui qui exprime sa différence par sa langue, son corps ou sa nourriture est d'autant plus fort que la IIIᵉ République (1875-1940) a engagé le pays dans une phase d'unification nationale. Le chemin de fer désenclave les campagnes. La presse pénètre les foyers. L'école laïque et obligatoire pour tous diffuse une langue et une histoire commune. La carte d'identité nationale est instaurée. Tout ce qui est considéré comme « national » est magnifié face à l'étranger, notamment l'Allemagne.

En conséquence, les particularismes régionaux doivent s'estomper. Bretons, Auvergnats, Alsaciens, Gascons, etc., deviennent les citoyens d'une même République partageant les mêmes valeurs. La distinction entre Français et étrangers est désormais marquée. Ces derniers se retrouvent alors en marge de la société française.

Ci-contre :
De jeunes élèves français posant devant le tableau noir, symbole de l'école laïque républicaine, vers 1900.

De 1850 à 1881, la première vague d'immigration belge et italienne participe au développement économique de la France mais pose problème face à l'émergence d'une « identité française ».

Flux et reflux des années 20 et 30

La période de l'entre-deux-guerres connaît une deuxième vague d'immigration. Belges, Italiens et Polonais viennent travailler et s'installer en France avant que n'éclate la crise des années 30.

Une immigration planifiée

Au début du XXᵉ siècle, les flux migratoires fléchissent sous l'effet de la crise économique. En 1911, la France compte 1,16 million d'étrangers (contre 1,13 million en 1891), soit 3 % de la population. Malgré l'enracinement de ces immigrés, Italiens et Belges en tête, l'insuffisance de main-d'œuvre est toujours d'actualité. Si des conventions ont été signées avec l'Italie (1904) et la Belgique (1906) pour assurer un flux régulier et contrôlé de travailleurs immigrés, le mouvement doit être accéléré pour renforcer la capacité de production des usines. L'immigration devient une affaire d'État. Quand la Première Guerre mondiale éclate, Polonais et Espagnols remplacent ouvriers et paysans français partis dans les tranchées. Puis, pour renflouer les rangs d'une armée décimée, des soldats sont recrutés dans les colonies françaises.

Pendant la guerre de 1914-1918, des Sénégalais, basés à Toulon, poussent des wagons remplis d'obus.

La deuxième vague, de 1920 à 1931

À la fin du conflit de 1914-1918, la France est « le pays des places vides ». Son déficit démographique s'évalue à 1,5 million d'individus. L'agriculture et l'industrie manquent de bras. Mais les Français aptes à travailler, étant mieux scolarisés et plus urbanisés, aspirent à des emplois dans le secteur tertiaire (fonctionnaires, employés, etc.). Pour répondre aux besoins des entreprises, la Société générale d'immigration, un organisme privé, est alors chargée d'organiser le recrutement d'étrangers. Priorité est donnée à une main-d'œuvre européenne, jugée « *plus facilement intégrable* ». Entre 1921 et 1926, environ 225 000 étrangers par an viennent participer à l'industrialisation et au repeuplement de la France. Dès 1931, les Polonais représentent la deuxième communauté étrangère derrière les Italiens et devant les Espagnols. Avec 2,7 millions d'étrangers pour 41,2 millions d'habitants (6,58 % de la population nationale) la France est, relativement à sa population, le premier pays d'immigration au monde.

BANANIA

y'a bon

> « *La question de l'intégration des immigrés ne commence véritablement à se poser que dans l'entre-deux-guerres, c'est-à-dire après que l'intégration nationale des classes populaires ait été réalisée. Ce n'est pas un hasard. Pour que l'étrangeté des immigrés apparaisse dans la conscience collective, il fallait que les Français se perçoivent eux-mêmes comme un tout homogène, un collectif ayant des intérêts à défendre.* »
> **Extrait de Population, immigration et identité nationale en France aux XIXe et XXe siècles, Gérard Noiriel.**

Le reflux des années 30

La crise économique des années 30 conduit les gouvernements à prendre des mesures restrictives. En 1932, une loi fixe des quotas d'étrangers dans les entreprises ; en 1934, la carte de travail n'est plus accordée aux nouveaux migrants, et en 1935 les chômeurs étrangers sont expulsés. Un climat xénophobe s'instaure. Si l'accès à la nationalité française reste facilité et si l'accueil de réfugiés politiques (Juifs d'Europe de l'Est, antifascistes italiens, républicains espagnols, etc.) se poursuit, la France compte, en 1936, 500 000 étrangers de moins qu'en 1931. En fait, une nouvelle politique d'immigration suggère une sélection des étrangers, en fonction de leur « utilité économique » et de leur « degré d'assimilabilité ». Cette logique discriminatoire sera d'ailleurs appliquée sous le régime de Vichy*.

> De 1920 à 1931, un deuxième flux de populations étrangères répond aux besoins de l'économie et du repeuplement de la France, qui devient alors le premier pays d'immigration au monde mais prend, dès 1932, des mesures discriminatoires contre les travailleurs étrangers.

Les « Ritals », les « Polaks » et les autres

Dans les années 30, la présence des immigrés se heurte à la xénophobie d'une société française en crise.

Les populations étrangères dans le tissu économique

Durant la première moitié du XXᵉ siècle, la population étrangère évolue selon les cycles de l'activité économique française. Elle augmente en période de croissance, puis se stabilise et décroît lors des crises. Les étrangers, installés entre 1920 et 1931, participent à l'industrialisation de la France en occupant les postes les moins qualifiés qui sont délaissés par les Français. En 1931, 70 % des étrangers exercent des emplois d'ouvriers. Jeunes (les trois quarts ont moins de 30 ans) et essentiellement de sexe masculin, ces nouveaux immigrants se sédentarisent*. Installés dans le Bassin parisien, dans les régions minières et industrielles du Nord et de l'Est, des Alpes à la Méditerranée et dans les Pyrénées, ils sont souvent regroupés par village ou par région d'origine. Certains départements, telles les Bouches-du-Rhône et les Alpes-Maritimes, comptent jusqu'à 20 % d'étrangers. Encadrés dans des structures familiales et par l'Église, leur taux de natalité est supérieur à celui de la population nationale. Dans les villes, ils sont nombreux à créer une petite entreprise familiale : café, salon de coiffure, épicerie, entreprise de maçonnerie, etc.

> *« Les Ritals, on est mal piffés. C'est parce qu'il y en a tellement, par ici. Les mômes français ne risquent pas le bout de leurs pompes dans nos rues à Ritals, mais à l'école, là, ils se rattrapent. Se sentent costauds, les petites vipères. On voit bien que leurs parents ne se privent pas de débloquer sur nous autres, à la maison. Tiens, rien que le genre de vacheries que ces merdeux nous balancent, ça pue la connerie de leurs vieux : "Les Ritals, vous êtes bons qu'à jouer de la mandoline !" De mandoline, j'en ai seulement jamais vu... "Dans votre pays de paumés, on crève de faim, alors vous êtes bien contents de venir bouffer le pain des Français !" Pardi. C'est normal, non. S'ils se laissaient mourir sur ces tas de cailloux, les Ritals, on les traiterait de feignants. »*
>
> **Extrait de Les Ritals, de Cavanna.**

Dans le nord de la France, en 1934, des immigrants polonais travaillant dans les mines sont expulsés pour avoir « fomenté » des grèves de « gueules noires ».

Aux origines de la xénophobie

Belges, Italiens ou Polonais, ces immigrés, aujourd'hui considérés comme proches des Français culturellement, sont, dans les années 30, souvent rejetés par la société française. Les Polonais, surnommés les « Polaks », sont jugés « inassimilables », et les Italiens sont traités de « Ritals » ou de « Macaronis ». Cette xénophobie*, qui s'exprime dans les discours mais aussi par des actes de violence, est souvent plus virulente dans les régions frontalières. Pour les Français en quête d'identité et d'appartenance à la société, l'étranger est ressenti comme une menace. Cette attitude est accentuée en période de crise : le chômage se développant, les étrangers deviennent des boucs émissaires. Ils sont accusés d'occuper les postes que les Français ont pourtant délaissés. Enfin, avant la Seconde Guerre mondiale, les partis politiques d'extrême droite récupèrent ces mécontentements par des discours simplistes mais efficaces.

> La place des étrangers en France est étroitement liée aux cycles de l'économie. Dans les années 30, leur intégration dans la société française se heurte à des réactions de xénophobie.

Les « trente glorieuses »

De 1945 à 1974, la période de reconstruction de la France des « trente glorieuses » est marquée par une forte immigration, notamment maghrébine. Encouragée à venir par l'État, cette main-d'œuvre souple et peu onéreuse est jugée provisoire.

La logique d'une politique

En 1945, les besoins en main-d'œuvre pour la reconstruction économique d'après-guerre sont énormes. Or, le nombre d'actifs* est insuffisant. Refoulés sous l'Occupation et par le régime de Vichy*, les étrangers ne sont plus que 1,4 million (contre 2,2 millions en 1936). Deux ordonnances sont adoptées (du 19 octobre et du 2 novembre 1945). Elles définissent les conditions d'accès à la nationalité, d'entrée et de séjour des étrangers en France ainsi que leurs statuts juridiques. L'Office national de l'immigration* (ONI) recrute des travailleurs étrangers dans le cadre de conventions signées entre les États et favorise le regroupement familial* en vue du repeuplement de la nation. L'État français dispose ainsi du monopole de l'introduction de la main-d'œuvre étrangère.

De 1954 à 1974 : un flux de 1,7 million d'étrangers

Jusqu'au début des années 50, les Italiens et, dans une moindre mesure, les Espagnols et les Polonais, sont incités à venir s'installer avec leur famille. Mais nombre d'entre eux sont découragés par la lourdeur du système de recrutement. À l'inverse des Algériens (*voir* encadré) qui, étant citoyens français, circulent librement en métropole. Aussi, lorsqu'en 1954 la reprise économique s'amorce, ceux-ci seront les premiers à répondre aux appels de l'industrie automobile, de la sidérurgie, du bâtiment et des travaux publics. De 1954 à 1974, la France connaît alors la vague d'immigration la plus massive de son histoire. Des accords sont signés avec le Maroc et la Tunisie. Des « rabatteurs » de grandes entreprises françaises recrutent dans les villages

Le cas algérien

Citoyens français de 1947 à 1962, les Algériens n'apparaissent pas dans les statistiques recensant les étrangers en France sur cette période. En outre, la guerre d'indépendance crée une situation douloureuse pour ces immigrés qui, après 1962, seront pourtant peu nombreux à repartir. Mais pour les autorités françaises, ils seront, plus que les autres, longtemps considérés comme des travailleurs temporaires.

Février 1954 : des émigrés ukrainiens et polonais, pour la plupart anciens déportés pendant la Seconde Guerre mondiale, quittent Paris pour tenter leur chance aux États-Unis.

« *L'immigration est un moyen de créer une certaine détente sur le marché du travail et de résister à la pression sociale.* » Déclaration du Premier ministre Georges Pompidou en septembre 1963 devant l'Assemblée nationale.

marocains, tunisiens ou portugais. Quant aux Algériens, dans le contexte de la guerre d'indépendance (1954-1962), les autorités françaises tentent de limiter leur immigration. En vain.

La figure du « travailleur immigré »

En 1968, la France compte 2,62 millions d'étrangers (5,3 % de la population). Les Espagnols sont désormais les plus nombreux, devant les Italiens et les Algériens. Mais la mission de l'ONI s'est en partie soldée par un échec : depuis 1965, plus des trois quarts des immigrés arrivent en France en dehors de ce canal officiel. Entre 1946 et 1977, cet organisme aura tout de même régularisé près de 2,5 millions de travailleurs permanents étrangers. À la fin des années 60, l'impératif démographique est abandonné. Les immigrés sont essentiellement des travailleurs célibataires. Ils forment une main-d'œuvre bon marché, employée à des travaux pénibles. La figure moderne du « travailleur immigré » est née : celle d'un ouvrier peu qualifié, vivant le plus souvent en foyer ou dans des logements précaires, d'origine maghrébine et censé s'installer provisoirement en France.

Selon l'expression du général de Gaulle, il s'agit, dans l'après-guerre, « *d'introduire, avec méthode et intelligence, de bons éléments d'immigration dans la collectivité française* ».

De 1954 à 1974, la France connaît la plus importante vague d'immigration de son histoire. Une main-d'œuvre en majorité d'origine maghrébine participe au redressement économique du pays, tout en étant considérée comme provisoire.

Le coup d'arrêt

La crise économique du début des années 70 entraîne la suspension officielle de toute immigration. Le fléchissement des flux de travailleurs étrangers au profit du regroupement familial est signe d'une installation durable.

Le cas des Portugais

En 1975, les Portugais forment la plus importante communauté immigrée. Fuyant la dictature militaire d'Antonio Salazar, ils arrivent à la fin des années 60, les uns en toute légalité, les autres dans la clandestinité. Si au début ils partagent le même sort que les Maghrébins, sans qualification, occupant les emplois au bas de l'échelle sociale et logeant dans des conditions précaires, ils s'organisent rapidement grâce à un fort mouvement associatif. Dans ce cadre, le rôle des femmes, venues travailler seules ou dans le cadre du regroupement familial, sera déterminant.

L'immigration suspendue...

En 1974, comme l'ensemble des pays occidentaux, la France est touchée par une crise économique qui marque la fin de longues années de croissance, la fin des « trente glorieuses ». Craignant une montée du chômage et un accroissement des flux migratoires, le gouvernement français, présidé par Valéry Giscard d'Estaing, décide le 3 juillet 1974 de « *suspendre provisoirement l'immigration* ». À quelques mois d'intervalle, la Belgique et la République fédérale d'Allemagne adoptent la même mesure. Auparavant, en septembre 1973, l'Algérie avait annoncé l'arrêt de l'émigration de ses ressortissants vers la France. Cette décision est officiellement motivée par la vague de crimes racistes dont sont victimes les Algériens en France.

... change de nature

En 1975, la France compte 3,44 millions d'étrangers, soit 6,55 % de la population, un taux équivalent à celui de 1931 (*voir* pp. 10-11). Les Portugais sont majoritaires, devant les Algériens, les Espagnols et les Italiens.

Comme ils se sont installés en France de manière légale, leur insertion est facilitée par les pouvoirs publics. Des efforts sont engagés en matière de logement, de formation professionnelle et d'action culturelle. En collaboration avec les États d'origine, des cours de langue et de culture sont proposés, de même qu'une émission de télévision (« Mosaïque » sur FR3).

Par ailleurs, des politiques d'aide aux retours sont mises en place. D'abord fondées sur le volontariat, puis forcées, celles-ci se révèlent en fait inefficaces : entre 1977 et 1981, on comptera seulement 94 000 départs.

Le durcissement des lois (renforcement des contrôles, accélération des procédures d'expulsion, non-renouvelle-

FONDEMENTS   CONTEXTE   MOUVEMENTS

ment des titres de séjour) limite néanmoins l'arrivée de nouveaux travailleurs immigrés. En 1982, si le nombre d'étrangers n'a augmenté que de 300 000 personnes par rapport à 1975, l'immigration change surtout de nature : on passe d'une immigration de travailleurs à une immigration de famille.

Une nouvelle donnée

De 1974 à 1982, les familles des immigrés choisissent de rejoindre leur mari ou leur père. L'immigration au titre du regroupement familial* prend alors une importance prépondérante. Les Algériens sont désormais plus nombreux que les Portugais. Suivent les Marocains et les Italiens. En quelques années, cette population étrangère est plus féminine et plus jeune.

En 1982, un étranger sur trois a moins de 20 ans. Le nombre de naturalisations* parmi les étrangers est en nette progression pour les nationalités les plus récentes (Algériens, Portugais), tandis qu'il diminue pour ceux qui sont en France depuis plus longtemps (Italiens, Polonais). Ces éléments témoignent d'un enracinement des populations issues des plus récentes vagues d'immigration.

« *Tant que les immigrés vivent en marge de la société française (foyers, bidonvilles, cités de transit, etc.), tant que leur visibilité reste médiatisée par le ghetto, la cohabitation est possible dans la mesure où... elle ne se fait pas. Mais quand Français et immigrés vont être appelés à partager la "galaxie-HLM", la rencontre a lieu, conflictuelle et régressive, les nationaux protestant contre une concurrence qui touche le travail et le logement* ».
Extrait de *Les Français devant l'immigration* d'Olivier Milza.

Ci-contre :
Habitants d'un bidonville en cours de destruction dans la région parisienne en 1971.

Les mesures restrictives décidées en 1974 marquent le passage d'une immigration de travail à une immigration familiale. L'installation définitive des populations immigrées est une nouvelle donnée.

Un enjeu politique

À partir des années 80, l'immigration devient un enjeu politique autour duquel les partis politiques s'opposent, avant de trouver un consensus face à la montée de l'extrême droite.

Une politique d'ouverture

L'élection en mai 1981 de François Mitterrand à la présidence de la République marque un tournant dans les politiques d'immigration. Les mesures d'aide au retour sont supprimées, les conditions de séjour sont améliorées et la liberté est donnée aux étrangers de créer des associations sans autorisation préalable. Ils ne sont alors plus simplement considérés comme une « main-d'œuvre de passage ». Concernant les personnes en situation irrégulière nées en France ou arrivées avant l'âge de 10 ans, les procédures d'expulsion sont suspendues, la lutte contre les employeurs de clandestins est renforcée et une opération de régularisation est engagée. Ainsi, entre 1981 et 1983, environ 130 000 étrangers en situation illégale sont régularisés. Cette mesure symbolique doit à la volonté de « *remettre les compteurs à zéro* ».

Quand l'extrême droite s'en mêle

Mais, dès 1982, des tensions apparaissent. Dans un contexte de crise économique et de montée du chômage, la question de la place des immigrés est à nouveau débattue. Sur ce thème, l'extrême droite canalise les mécontentements par des slogans simplistes.

L'immigration devient un véritable enjeu politique. Parallèlement, les jeunes Français issus de l'immigration maghrébine, surnommés les beurs*, revendiquent une place dans la société. En 1983 et 1984, des associations se mobilisent et organisent des manifestations telles « Les Marches de l'Égalité » pour réclamer un « *droit à la différence* ».

Dans le même temps, des émeutes se produisent, notamment dans la région lyonnaise. Des grèves déclenchées dans l'industrie automobile projettent les travailleurs immigrés

FONDEMENTS   **CONTEXTE**   MOUVEMENTS

Évolution des populations étrangères en France de 1946 à 1990 (en milliers)							
Nationalité	**1946**	**1954**	**1962**	**1968**	**1975**	**1982**	**1990**
Européens dont :	**1 598**	**1 431**	**1 592**	**1 895**	**2 102**	**1 760**	**1 690**
Belges	153	107	79	65	56	50	57
Espagnols	302	289	442	607	497	321	216
Italiens	451	508	629	572	463	334	252
Polonais	423	269	177	132	94	65	47
Portugais	22	20	50	296	759	765	651
Africains dont :	**54**	**230**	**428**	**652**	**1 192**	**1 574**	**1 633**
Algériens	22	212	350	474	710	796	615
Marocains	16	11	33	84	260	431	572
Tunisiens	2	5	27	61	140	190	205
Africains de l'Ouest	14	2	18	33	82	157	172
Américains	**8**	**49**	**88**	**28**	**42**	**51**	**72**
Asiatiques dont :	**70**	**40**	**37**	**45**	**104**	**294**	**424**
Turcs	8	5	n.d. (1)	8	51	124	198
Asie du Sud-Est	62	35	37	37	53	170	171
Total	**1 744**	**1 765**	**2 169**	**2 621**	**3 442**	**3 680**	**3 597**
	(2) 4,38 %	4,13 %	4,67 %	5,28 %	6,54 %	6,78 %	6,34 %

Source INSEE
(1) donnée non disponible (2) % sur l'ensemble de la population française

au premier plan des mouvements syndicaux. Sous couvert de cette crise sociale, le Front national enregistre ses premiers succès électoraux aux municipales de 1983.

En marche vers un consensus

En réponse, le gouvernement va modifier sa politique. En juillet 1984, une carte unique de séjour et de travail de 10 ans est instaurée pour limiter les situations de précarité et faciliter l'intégration. Puis, les lois sur l'immigration se succèdent, au rythme des changements de majorité à l'Assemblée nationale. En 1986, elles sont plus restrictives et limitent notamment l'attribution de la carte de résident. En 1989, la loi Joxe, plus libérale, revient sur certaines dispositions et le Haut Conseil à l'intégration* est créé. Enfin, 1993 est marquée par la réforme de l'accès à la nationalité (*voir* pp. 34-35) et une modification de la législation sur l'entrée et le séjour des étrangers. Entre les partis politiques, à l'exception du Front national, un consensus s'élabore. Il tient en deux points : l'arrêt de tout nouveau flux migratoire et l'aide à l'intégration des populations déjà installées légalement. Seules quelques associations de défense des droits des immigrés vont encore faire entendre leur voix pour dénoncer des lois jugées trop sévères.

L'immigration en baisse dans les années 80 concerne en majorité des étrangers originaires d'Afrique. Elle devient un enjeu politique tandis que l'extrême droite progresse en exploitant ce thème sensible.

Au cœur de la démographie française

Participant depuis plus d'un siècle à la croissance démographique de la France, soit directement par de nouvelles arrivées, soit indirectement par naissances, l'immigration est une question inhérente à la société française.

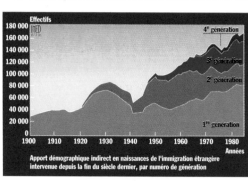

Apport démographique indirect en naissances de l'immigration étrangère intervenue depuis la fin du siècle dernier, par numéro de génération

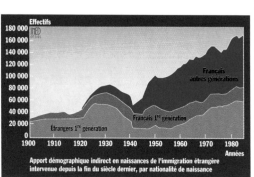

Apport démographique indirect en naissances de l'immigration étrangère intervenue depuis la fin du siècle dernier, par nationalité de naissance

11 millions de Français issus de l'immigration

Près d'un Français sur cinq est d'origine étrangère par l'intermédiaire d'un parent ou d'un grand-parent. Cette estimation est le résultat d'une étude menée en 1991 par l'Institut national d'études démographiques (INED) sur les conséquences d'un siècle d'immigration. Quatre générations (*voir* tableau) ont été analysées. La première concerne l'apport direct de l'immigration à la démographie et est évaluée à 4 millions de personnes qui ont immigré au cours du siècle. Plus d'1 million sont devenus Français. Leurs descendants constituent un apport indirect. Ainsi la deuxième génération, c'est-à-dire les enfants nés en France, se chiffre à environ 5 millions parmi lesquels 4 millions de Français.

Enfin, les petits-enfants sont plus de 5 millions. Ils ont tous la nationalité française. L'addition de ces générations permet ainsi d'évaluer à 14 millions le nombre de personnes issues de l'immigration. Parmi elles, près de 11 millions sont des Français.

Un mouvement qui ralentit

Sans l'apport de l'immigration, la croissance démographique aurait été réduite de 40 % depuis 1945. En 1991, la France aurait seulement compté 45 millions d'habitants (contre 56 millions).

> **Vous avez dit « Français de souche » ?**
> Porte-drapeaux de la culture française dans le domaine de l'art, du sport ou de la science, ils sont issus de l'immigration, étant d'origine algérienne (Isabelle Adjani), arménienne (Alice Sapritch, Charles Aznavour, Henri Verneuil), belge (Verlaine), bulgare (Sylvie Vartan), égyptienne (Dalida), espagnole (Pablo Picasso, Alain Giresse, Luis Fernandez), italienne (Coluche, Lino Ventura, Yves Montand, Michel Piccoli, Michel Platini), camerounaise (Yannick Noah), malienne (Jean Tigana, José Touré), polonaise (Apollinaire, Marie Curie, Haroun Tazieff), ou russe (Marc Chagall, Serge Gainsbourg, Henri Troyat).

Par son rôle de peuplement, l'immigration a aussi permis d'enrayer la baisse de la natalité et par là même le vieillissement de la population française. Aujourd'hui, près d'une naissance sur cinq peut être attribuée à un immigré arrivé en France au cours du siècle passé. Cependant, cette tendance est désormais freinée. Par le ralentissement des flux migratoires et par la diminution de la fécondité des étrangères en France.

Une réalité interne à la société française

Quoi qu'il en soit, l'apport démographique de l'immigration a définitivement modifié les caractéristiques de la population française. Ses origines multiples et ses identités plurielles constituent une réalité incontournable. Les nombreuses personnalités issues de l'immigration qui sont ou ont été les porte-drapeaux de la culture française en témoignent (*voir* encadré). Mais cette réalité démontre surtout, comme le souligne l'historien Gérard Noiriel, que « *si l'on se place à un niveau collectif, prendre au sérieux la diversité de la population actuelle de la France conduit à un changement de point de vue sur son passé proche. On ne peut plus considérer l'immigration comme un problème extérieur, mais on doit la voir comme un problème interne à l'histoire de la société française contemporaine* ».

> Directement ou indirectement, l'apport de l'immigration à la société française est une réalité incontournable qui concerne plus de 11 millions de Français.

Un phénomène mondial

L'immigration s'inscrit dans un contexte international lié à des déséquilibres économiques et politiques persistants. Tous les pays y sont confrontés, des plus riches aux plus pauvres.

Cent millions de migrants

Selon les Nations unies, environ 100 millions de personnes dans le monde vivent en dehors du pays dont elles ont la nationalité, soit plus de 2 % de la population mondiale. Ces migrants sont répartis entre l'Afrique (35 millions), l'Asie (15 millions), l'Europe (14 millions), l'Amérique du Nord (14 millions) et le Moyen-Orient (10 millions). S'ils sont tentés de se déplacer des pays les plus pauvres vers les plus riches, des régimes les plus répressifs vers les plus démocratiques, des milieux ruraux vers les villes, ils sont souvent contraints de rester sur place, dans la région d'origine. Et si les flux se sont accrus dans les années 80, ils se stabilisent depuis 1992.

Des flux traditionnels canalisés

Contrairement aux prévisions les plus inquiétantes, le déferlement de populations démunies de l'Est et du Sud vers l'Europe de l'Ouest ou les États-Unis ne s'est pas produit. En fait, seuls persistent, quoique réduits sous l'effet de mesures restrictives, des flux migratoires liés à des relations historiques ou géographiques entre certains pays : Algériens et Marocains en France, Pakistanais et Indiens en Grande-Bretagne, Turcs en Allemagne. Pour le reste, les pays d'Europe de l'Ouest et les États-Unis acceptent essentiellement une immigration de main-d'œuvre hautement qualifiée.

Une immigration qui se mondialise

La mondialisation de l'économie a fait apparaître de nouveaux espaces migratoires, notamment en Asie et en Europe centrale et orientale. Depuis une dizaine d'années, l'Indonésie et Singapour sont devenues des pôles d'attrac-

FONDEMENTS **CONTEXTE** MOUVEMENT

tion pour une main-d'œuvre venant d'Inde, du Sri Lanka, du Pakistan et de Chine. Depuis la chute du mur de Berlin, les pays de l'ex-URSS et d'Europe de l'Est, offrant des perspectives d'emplois, attirent des immigrants turcs, roumains, ukrainiens, bulgares mais aussi asiatiques. Les Pakistanais et les Philippins sont aussi nombreux à travailler dans les pays du Proche-Orient (Arabie saoudite, Koweït). Seule l'Afrique est à l'écart de ces flux internationaux. Dans ce continent, la plupart des candidats à l'émigration s'expatrient vers des pays voisins, eux-mêmes faiblement développés (Burkinabés en Côte d'Ivoire ou Égyptiens en Libye).

> **Facteur de croissance**
> Si l'immigration est le signe de déséquilibres mondiaux, elle est aussi un facteur de croissance. Car les pays fournisseurs de main-d'œuvre bénéficient des transferts de revenus que leurs ressortissants rapatrient de l'étranger. Estimés à 225 milliards de francs en 1990 pour l'ensemble de ces pays, ils ont été multipliés par dix depuis 1970 et réduisent en partie les déficits commerciaux de pays comme la Turquie, le Maroc, l'Égypte, les Philippines ou le Pakistan.

La solution du développement

Les flux incontrôlés de populations ne sont pas une fatalité. Tout le monde s'accorde à voir dans le développement des pays les plus pauvres le moyen de réduire de tels mouvements. Parmi les solutions préconisées, l'immigration peut elle-même permettre de former une main-d'œuvre qui bénéficiera par la suite aux pays d'émigration. Par ailleurs, les écarts de coûts de main-d'œuvre incitant aux délocalisations d'entreprises, les pays d'accueil tentent de créer des emplois qualifiés dans les pays fournisseurs de main-d'œuvre bon marché.

Ci-contre :
En Allemagne, ce sont les Turcs qui constituent la plus importante communauté d'immigrés.

Cent millions de personnes vivent en dehors de leur pays d'origine. À l'heure de la mondialisation des flux migratoires, les mouvements contrôlés de main-d'œuvre et de savoir-faire peuvent être des facteurs de croissance.

Réfugiés politiques et droit d'asile

De plus en plus nombreux à travers le monde, les réfugiés ne se pressent plus aux frontières de l'Europe où le droit d'asile, sans être remis en cause, est plus difficilement reconnu.

Est réfugiée « *toute personne qui, par crainte d'être persécutée, du fait de sa race, de sa religion, de sa nationalité, de son appartenance à un certain groupe social ou de ses opinions politiques, se trouve hors du pays dont elle a la nationalité et qui ne peut ou, du fait de cette crainte, ne veut se réclamer de la protection de ce pays.* » Extrait de la convention de Genève du 28 juillet 1951.

50 millions de « déplacés », 27 millions de réfugiés

Jamais, depuis la Seconde Guerre mondiale, la communauté internationale n'a été confrontée à des exodes aussi massifs : en 1995, près de 50 millions de personnes ont été déplacées à l'intérieur ou à l'extérieur de leur pays. Le Haut-Commissariat aux réfugiés* (HCR) en a pris en charge 27 millions (contre 17 millions en 1990). Or, cette recrudescence est moins due à un nombre croissant de guerres, de violences et de persécutions qu'à une forme nouvelle de crises, où les déplacements de populations s'inscrivent dans une stratégie délibérée des parties en conflit, comme ce fut le cas en ex-Yougoslavie et au Rwanda.

Le repli des démocraties occidentales

Les deux tiers des réfugiés arrivent en Afrique et en Asie (ex. : les Rwandais au Burundi). L'Europe et l'Amérique du Nord en accueillent un tiers. Ce déséquilibre s'explique par la proximité géographique entre les zones de crise et de refuge. Il est aussi le résultat de mesures restrictives adoptées depuis 1974 par les démocraties occidentales qui craignent un afflux d'immigrés clandestins. L'effet dissuasif a été indéniable. De 693 000 en 1992, les demandeurs

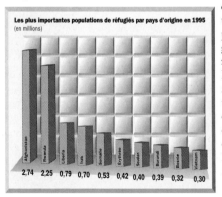

Les plus importantes populations de réfugiés par pays d'origine en 1995 (en millions)

Afghanistan	Rwanda	Liberia	Irak	Somalie	Érythrée	Soudan	Burundi	Bosnie	Vietnam
2,74	2,25	0,79	0,70	0,53	0,42	0,40	0,39	0,32	0,30

FONDEMENTS CONTEXTE MOUVEMENT

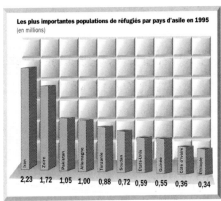

Les plus importantes populations de réfugiés par pays d'asile en 1995
(en millions)

Iran	Zaïre	Pakistan	Allemagne	Tanzanie	Soudan	États-Unis	Guinée	Côte d'Ivoire	Éthiopie
2,23	1,72	1,05	1,00	0,88	0,72	0,59	0,55	0,36	0,34

d'asile aux portes des pays de l'Union européenne n'étaient plus que 319 000 en 1994. En 1995, l'Allemagne restait le pays le plus sollicité avec 127 000 demandes, suivie des Pays-Bas (52 000), de la Grande-Bretagne (32 000) et de la France (26 000).

Être réfugié en France

En France, le statut de réfugié est accordé par l'OFPRA* en vertu de la convention de Genève de 1951. Les demandes sont étudiées en prenant notamment en compte la violation des droits de l'homme dans le pays d'origine, l'appartenance à une minorité persécutée par un État et les preuves individuelles de discriminations ou de tortures. En 1994, seules 24 % des demandes d'asile ont abouti à la reconnaissance du statut de réfugié.

Redéfinir le droit d'asile ?

Environ 140 000 personnes bénéficient aujourd'hui en France du statut de réfugié. Elles étaient 350 000 en 1965. Comme dans les autres pays européens, cette forte baisse amène à s'interroger sur la validité du droit d'asile face à des situations inédites. Soit les demandeurs d'asile ne peuvent fournir les preuves des persécutions subies, soit ils ne sont pas directement victimes de leur État mais d'un groupe particulier (comme en Algérie et en ex-Yougoslavie), soit encore la situation économique (pauvreté et injustice sociale) est étroitement imbriquée dans une situation politique. Pour toutes ces situations, le statut de réfugié est difficilement reconnu par les éventuels pays d'accueil. Parallèlement, les actions engagées sur les plans économique et politique auprès des pays générateurs de réfugiés se révèlent insuffisantes.

> Même si le droit d'asile n'est pas remis en cause, les démocraties occidentales, dont l'Europe, adoptent une politique de fermeture vis-à-vis des 27 millions de réfugiés recensés dans le monde.

L'Europe de l'immigration

Terre d'immigration, l'Europe se construit sur le principe de la libre circulation des personnes. Mais pour les non-Européens, cet espace de liberté pourrait aussi s'imposer comme une forteresse infranchissable.

15 millions d'immigrés dans l'Union européenne

Sur 371,5 millions de citoyens, les quinze pays de l'Union européenne comptent près de 17,6 millions d'étrangers, soit 4,7 % de la population totale. En dix ans, toutes nationalités confondues, leur nombre a progressé d'environ deux millions. Les deux tiers d'entre eux sont des ressortissants non européens dont la plupart vivent en Allemagne (3,9 millions dont 1,7 million de Turcs), en France (2,3 millions dont 1,4 million de Maghrébins) et en Grande-Bretagne (1,6 million dont 1 million d'Indiens et de Pakistanais). Ces trois pays accueillent par ailleurs les trois quarts des 5 millions d'étrangers européens.

Le principe de Schengen

À l'exemple des marchandises et des capitaux, la libre circulation des personnes en Europe est en passe de devenir une réalité. Ce principe énoncé en 1985 à Schengen, au Luxembourg, repose sur la suppression des frontières intérieures en contrepartie d'un renforcement des frontières extérieures. Ratifié en 1990 et inscrit dans le traité de Maastricht, cet accord est appliqué depuis le 26 mars 1995 par sept pays : l'Allemagne, la Belgique, l'Espagne, la France, le Luxembourg, le Portugal et les Pays-Bas. Si leurs ressortissants traversent désormais les frontières sans être contrôlés, les autres, notamment les non-Européens, sont soumis à un contrôle plus strict à leur arrivée dans l'un de ces pays. Ils devront déclarer tous leurs déplacements dans cet « espace de Schengen » où les contrôles de police sont étendus hors des frontières nationales. Les conditions d'attribution du droit

Les écueils du visa européen

Les visas délivrés par chaque pays européen seront remplacés par un visa unique européen.
Cette adaptation remet en cause quelques principes nationaux.
Par exemple, pour s'aligner sur la politique française, l'Italie devra imposer des visas aux étrangers originaires des pays du Maghreb*, et inversement, comme en Allemagne, la France devra supprimer les visas pour les Polonais.

FONDEMENTS   **CONTEXTE**   MOUVEMENT

d'asile sont aussi harmonisées. Un étranger indésirable dans l'un de ces sept pays l'est automatiquement dans tous les autres, tout comme un refus d'asile vaut pour tous.

Forteresse ou espace de liberté ?

D'un espace de libre circulation communautaire, le principe de Schengen est devenu un enjeu majeur en matière d'immigration non européenne. Il pose les bases d'une politique commune. Les autres pays européens, à l'exception de la Grande-Bretagne, de l'Irlande et du Danemark, souhaitent suivre le mouvement. Cependant, certains comme l'Italie et la Grèce ne remplissent pas encore les conditions suffisantes en matière de contrôle de leur immigration. Mais si à terme les quinze pays européens devaient se rejoindre dans un espace commun, celui-ci reste à préciser. Aussi toute la difficulté est-elle d'aboutir à une véritable citoyenneté européenne sans que les mesures sécuritaires ne mènent à des entraves aux libertés qui fassent de l'Europe une forteresse.

« *Tout citoyen de l'Union a le droit de circuler et de séjourner librement sur le territoire des États membres.* »
Extrait du traité de Maastricht (art. 8-A).

Avec 15 millions d'étrangers dont 10 millions de non-Européens, l'Union européenne est en passe de supprimer ses frontières intérieures. Pour les uns, un espace de liberté se construit, pour les autres une forteresse risque de se dresser.

Les étrangers dans l'Union européenne en 1994			
Pays de l'UE	Total (en milliers)	En % de la population nationale	Parts de ressortissants de l'Union européenne
Allemagne	6 878,1	8,5	27 %
Autriche	689,6	8,6	33 %
Belgique	920,6	9,1	62 %
Danemark	189,0	3,6	17 %
Espagne (2)	483,6	1,3	56 %
Finlande	55,6	1,1	30 %
France (1)	3 596,6	6,3	37 %
Grèce (2)	183,7	1,8	30 %
Irlande (3)	94,0	2,7	78 %
Italie	987,4	1,7	19 %
Luxembourg	124,5	31,1	89 %
Pays-Bas	779,8	5,1	24 %
Portugal (2)	107,9	1,1	27 %
Royaume-Uni	2 001,0	3,5	32 %
Suède	507,5	5,8	65 %
Total	**17 598,9**	**4,7**	**33 %**

Source OCDE
(1) données de 1990   (2) données de 1991   (3) données de 1992

La législation

Si l'Europe de l'immigration se construit, la France garde la maîtrise de son immigration à travers une législation précise. Celle-ci définit les conditions d'entrée, de séjour et de naturalisation des étrangers.

Comment entrer en France ?

Selon la loi du 24 août 1993, les étrangers autorisés à entrer et à séjourner en France plus de trois mois, à l'exception des ressortissants de l'Union européenne, relèvent des situations suivantes :

– pour motif professionnel, les travailleurs permanents* et saisonniers* sont soumis à l'autorisation du préfet en fonction de la situation de l'emploi ;

– au titre du regroupement familial*, par l'intermédiaire de l'OMI*, tout ressortissant étranger vivant en France depuis au moins deux ans a le droit de faire venir son conjoint et ses enfants ;

– au titre du droit d'asile, un titre de séjour provisoire est délivré aux réfugiés en attente d'une reconnaissance par l'OFPRA*. Ils bénéficient alors d'une carte de résident ;

– enfin, les apatrides*, étudiants et visiteurs font l'objet d'une étude au cas par cas prenant en compte les ressources, le logement, l'assiduité aux études ou stages, etc.

À quels titres de séjour ?

Une fois la frontière française franchie, tout étranger de plus de 18 ans souhaitant séjourner dans le pays au-delà de trois mois doit être titulaire d'un titre de séjour. Depuis la loi du 17 juillet 1984, il existe deux titres de séjour et de travail :

– la carte de séjour temporaire, valable un an au maximum, est souvent attribuée pour un premier séjour. Elle peut être renouvelée et, sous certaines conditions, donne droit à travailler ;

– la carte de résident, valable dix ans et renouvelable de plein droit, est attribuée à une personne justifiant d'au moins trois ans de résidence régulière en France. Elle permet d'exercer une activité professionnelle.

FONDEMENTS   CONTEXTE   MOUVEMENTS

Comment acquérir la nationalité française ?

Selon la loi du 22 juillet 1993, est français à la naissance :
– tout enfant né d'au moins un parent français. C'est le cas le plus courant d'attribution de la nationalité par filiation. Avant 1993, les enfants de parents nés dans une ancienne colonie française avant l'indépendance (par exemple, l'Algérie qui était un département français jusqu'en 1962) étaient français à la naissance. Cette disposition a été annulée par la nouvelle loi ;
– tout enfant né en France de parents étrangers qui y sont eux-mêmes nés. C'est le principe du « double droit du sol ». Concrètement, un étranger s'installe en France et a un enfant qui naît en France. Si cet enfant devenu adulte et résidant toujours en France a lui-même un enfant, celui-ci sera français à la naissance.

Devient français :
– par manifestation de la volonté, tout enfant né en France de parents étrangers et résidant en France depuis cinq ans. Il doit manifester sa volonté d'être français entre 16 et 21 ans et ne pas avoir été condamné à des peines de prison ;
– par déclaration, tout étranger se mariant avec un ressortissant français majeur après deux ans de vie commune ;
– par décret de naturalisation, tout étranger de plus de 18 ans, résidant en France depuis au moins cinq ans, justifiant de « bonnes vies et mœurs » et d'une connaissance de la langue française. S'il a des enfants mineurs résidant en France, il peut faire une demande de naturalisation familiale.

Passage obligé de tout immigré : la file d'attente devant la préfecture de police afin de régulariser sa situation sur le territoire français.

La législation française sur l'immigration comporte deux textes principaux qui définissent les conditions d'entrée et de séjour des étrangers (loi du 24 août 1993) et d'accès à la nationalité française (loi du 22 juillet 1993).

Qui entre ? Qui sort ?

L'immigration ralentit sous l'effet de la nouvelle réglementation de 1993 sur l'entrée et le séjour des étrangers. En 1994, le nombre d'entrées en France chute de 30 %.

Qui sort ?
Aucune source officielle ne permet de comptabiliser le nombre annuel de retours au pays des étrangers. En dehors des procédures d'incitation au retour volontaire, aujourd'hui quasiment abandonnées, ce flux concerne les immigrés célibataires qui retournent dans leur pays d'origine à l'âge de la retraite.

Chiffrer les entrées

L'immigrant est « *l'étranger qui, pour la première fois, reçoit un titre de séjour d'une durée égale ou supérieure à un an* ». Selon cette définition des Nations unies, les flux migratoires en France sont comptabilisés chaque année par deux organismes : l'OMI*, pour les entrées au titre des autorisations de travail et du regroupement familial*, et l'OFPRA* pour les demandeurs d'asile. En plus de ces flux pour « résidence durable », ces deux organismes recensent les entrées d'étrangers pour « séjour temporaire », c'est-à-dire inférieur à un an.

Des conditions plus restrictives

La nouvelle loi de 1993, dite « loi Pasqua », du nom du ministre de l'Intérieur qui en a eu l'initiative, durcit les conditions d'entrée et de séjour. À titre professionnel, sont principalement autorisés à immigrer en France les travailleurs hautement qualifiés pour des missions très spécifiques. Pour le regroupement familial, qui doit désormais s'effectuer en une seule fois, un étranger en France doit attendre deux ans, au lieu d'un an, avant d'être autorisé à faire venir sa famille. Il est plus difficile d'obtenir la carte de résident (*voir* pp. 28-29) pour les conjoints étrangers de Français, pour certains enfants d'étrangers et pour les étudiants. Les conditions d'accueil sont aussi renforcées et le pouvoir du maire est étendu pour la délivrance des certificats d'hébergement. Néanmoins, ce dernier devra apporter la preuve de « menaces pour l'ordre public » ou d'une « irrégularité d'entrée ou de séjour » pour interdire à un étranger

Le mythe de l'« immigration zéro »
Cet objectif annoncé à intervalles réguliers par différents responsables politiques est irréalisable. Sauf à remettre en question les conventions internationales, la Constitution et les valeurs démocratiques défendues par la France, qui font que, chaque année, 100 millions d'étrangers entrent sur le sol français, parmi lesquels moins de 100 000 sont autorisés à y séjourner plus de trois mois.

FONDEMENTS | CONTEXTE | MOUVEMENT

Flux d'entrée en France pour résidence durable									
		1994							
					Familles				
Nationalité	1992	Total	Travailleurs permanents	Actifs non salariés (1)	Regroupement familial	de Français (2)	de réfugiés et apatrides	Visiteurs (3)	Réfugiés
Européens dont :	39 628	**15 961**	12 092	76	4 802	2 017	361	813	2 271
Union européenne	24 196	**11 305**	11 305	(4)	(4)	(4)	(4)	(4)	0
Autres d'Europe et ex-URSS	6 164	**6 471**	635	74	1537	1 722	108	811	1 584
Turcs	9 268	**4 656**	152	2	3 265	295	253	2	687
Asiatiques	14 481	**10 114**	1726	41	2 230	1 581	233	981	3 322
Africains dont :	48 596	**28 432**	2 064	822	12 027	10 454	124	1 958	983
Maghrébins	31 300	**20 027**	1 078	795	9 804	6 998	14	1 295	43
Africains hors Maghreb	17 296	**8 405**	986	27	2 223	3 456	110	663	940
Américains	7 512	**7 890**	2414	263	1 558	1 895	52	1 339	369
Océaniens et non ventilés	452	**347**	53	1	29	109	6	69	80
Ensemble	110 669	69 215	18 349	1 203	20 646	16 056	776	5 160	7 025

Sources OMI et OFPRA
(1) Commerçants ou artisans pour la plupart
(2) Conjoints, enfants et ascendants de Français, parents d'enfants français
(3) Visiteurs : séjours d'une durée supérieure à 3 mois
(4) À partir de juillet 1992, les ressortissants de l'Union européenne ne sont plus contrôlés par l'OMI

de rejoindre un membre de sa famille installée dans sa commune. De même, il ne peut refuser de célébrer un mariage mixte* que si celui-ci est jugé « non fondé ».

Baisse de 30 % des entrées en 1994

Alors qu'ils étaient plus de 100 000 par an entre 1980 et 1992, seuls 69 215 étrangers ont été autorisés, en 1994, à séjourner en France de façon durable. Cet écart tient d'abord au fait que les Européens disposant de la liberté de circuler ne sont plus systématiquement comptabilisés par l'OMI. Cependant, toutes proportions gardées, les autres nationalités sont aussi moins nombreuses. Les ressortissants des pays d'Afrique, qui représentent 41% des nouveaux arrivés (dont les deux tiers sont originaires du Maghreb*) sont en baisse de 42 % par rapport à 1992. Si le regroupement familial reste le premier motif d'immigration (les deux tiers des entrées), il concerne 80 % de non-Européens. Trois immigrants sur dix sont des travailleurs permanents*, dont les deux tiers sont originaires d'Europe. Enfin, la loi de 1993 (*voir* pp. 28-29) affecte également les séjours temporaires qui diminuent de 13 % entre 1992 et 1994.

En 1994, 62 212 étrangers ont été autorisés à entrer et à séjourner en France pour des raisons économiques, politiques et surtout familiales. Un chiffre en forte baisse par rapport aux années précédentes.

Les clandestins

Si le phénomène n'est pas nouveau, il fait aujourd'hui l'objet d'une attention particulière. Les moyens de lutte sont renforcés face à des clandestins qui font aussi figure de boucs émissaires.

« L'immigration clandestine reflète les déséquilibres mondiaux. Ils disparaîtront ensemble. » Pierre Milza, sociologue.

Être ou devenir clandestin

Toute personne séjournant après une entrée illégale (sans visa), en dépassant la période de séjour autorisée (trois mois pour un visa de tourisme, un an pour une carte de séjour temporaire), ou s'étant vu refuser le statut de réfugié est déclarée en situation irrégulière. Contrairement à une idée reçue, la plupart des clandestins ne sont pas arrivés par une filière de « passeurs » mais sont devenus irréguliers après avoir séjourné légalement en France. Les uns ont délibérément tenté leur chance, les autres ont été déboutés du droit d'asile. D'autres encore font face aux rigueurs de la loi. C'est le cas des mineurs entrés hors du regroupement familial* qui peuvent être expulsés à leur majorité s'ils n'ont pu régulariser leur situation. De même, en interrompant d'un an son séjour régulier en France, un étranger perd le droit à la carte de résident (*voir* pp. 28-29) et devient donc à terme irrégulier.

Le travail clandestin
Il concerne les personnes, Français ou étrangers en situation régulière, travaillant sans être déclarés par leur employeur auprès des organismes sociaux (Sécurité sociale, Assedic, caisse de retraite, etc.). Cette forme d'illégalité est sanctionnée par les services de l'inspection du travail.

Entre 180 000 et 350 000...

À l'évidence, nulle statistique ne peut dénombrer les clandestins avec précision. Ce flou entretient d'ailleurs les discours les plus alarmistes sur l'« invasion de clandestins ». Cependant, à partir d'une évaluation des entrées, du pourcentage de déboutés du droit d'asile et selon les infractions constatées par la police des frontières, la Direction centrale du contrôle de l'immigration et de la lutte contre l'emploi clandestin (Diccilec) avance, pour 1994, le chiffre de 180 000 irréguliers présents sur le sol français. Mais de son côté, le Bureau international du travail estime qu'ils sont 350 000...

Les limites de la répression

Quelle que soit la réalité des chiffres, la lutte contre les clandestins est une priorité politique. Elle s'affiche souvent comme une démonstration de force face à la question de l'immigration en général. Outre la répression du travail clandestin, cette lutte est axée sur le renforcement des contrôles aux frontières et à l'intérieur du territoire, sur les expulsions individuelles ou collectives. En 1995, le ministère de l'Intérieur a décidé d'expulser 20 000 « clandestins » par an. Mais ces moyens se révèlent dans tous les cas limités dans leur efficacité, tant ce phénomène impose avant tout une approche globale de développement auprès des pays dont les clandestins sont originaires.

> **Reconduite à la frontière**
>
> Interpellées par la police, les personnes en situation irrégulière font l'objet d'un arrêté de reconduite à la frontière pris par le préfet. À moins qu'ils ne justifient d'attaches familiales ou d'un long séjour en France (notamment pour les mineurs) et si un recours déposé dans les 24 heures est refusé, ils sont placés dans un centre de rétention sous contrôle de la police pendant dix jours au maximum (au-delà, ils doivent être mis en liberté). Là, ils attendent de trouver une place dans l'avion qui les reconduira dans leur pays d'origine.

La lutte contre l'immigration clandestine est aujourd'hui une priorité. Elle empêche toutefois de s'interroger sur les origines réelles d'un phénomène difficilement chiffrable et qui n'est pas nouveau.

Être ou devenir français

Les conditions d'accès à la nationalité française, qui ont longtemps été libérales, sont désormais plus strictes depuis la réforme du Code de la nationalité de 1993. Pour autant, les acquisitions augmentent en 1994.

Une réforme critiquée

Plusieurs associations de défense des droits des étrangers estiment que cette réforme est le signe d'un repli de la communauté française et qu'elle instaure une démarcation entre les Français par le « sang » et ceux potentiellement français par le « sol ».

Droit du sol et droit du sang

La nationalité est non seulement le lien juridique entre un individu et un État, mais aussi le symbole de son appartenance à la communauté. En France, elle est fondée sur deux principes qui sont le droit du sang (en latin, *jus sanguinis*) et le droit du sol (*jus soli*). Le premier permet de devenir français par la filiation (naissance d'un père ou d'une mère française) indépendamment du lieu de naissance, le second par la naissance en France ou l'installation durable sur le territoire. Au cours de l'histoire, on a mêlé ces deux principes, l'un étant parfois privilégié aux dépens de l'autre. Ils ont aussi été combinés à d'autres critères liés à l'intégration de l'étranger par le mariage, par les liens avec les anciennes colonies, par les « services rendus » à la nation, etc.

FONDEMENTS | CONTEXTE | MOUVEMEN

Évolution de la population étrangère et des Français par acquisition (en %)												
	1901	1911	1921	1926	1931	1936	1946	1954	1962	1968	1975	1982	1990
Étrangers	2,69	2,96	3,95	5,99	6,58	5,34	4,38	4,13	4,67	5,28	6,55	6,81	6,35
Français par acquisition	0,58	0,65	0,65	0,62	0,88	1,25	2,14	2,50	2,76	2,66	2,65	2,62	3,14

Source INSEE

Le Code de la nationalité réformé

Les règles d'attribution et d'acquisition de la nationalité française sont définies par le Code de la nationalité, un document juridique rédigé en 1945, puis modifié en 1973 et 1993. Par rapport aux autres pays, ces règles sont parmi les plus libérales. Les procédures sont relativement simples et, selon les années, entre 75 et 85 % des demandes sont acceptées. Cependant, la réforme du Code de la nationalité adoptée en juillet 1993 marque un tournant. Le principal changement concerne les jeunes étrangers nés en France et y séjournant depuis au moins cinq ans. Alors qu'ils devenaient automatiquement français à leur majorité, ils devront désormais en manifester la volonté. Par ailleurs, pour lutter contre d'éventuelles fraudes, les procédures d'acquisition par le mariage ont été renforcées : l'étranger(ère) ayant épousé un(e) Français(e) doit faire la preuve de deux ans de mariage (contre six mois auparavant). Enfin, les candidats à la naturalisation doivent résider en France avec leurs parents s'ils sont mineurs, être entrés en France en situation régulière ou encore ne pas avoir commis de délits graves.

126 337 Français par acquisition en 1994

En dépit d'un durcissement des règles, le nombre d'étrangers devenus français, qui était stable aux alentours de 100 000 par an depuis une dizaine d'années, enregistre en 1994 une hausse de 32 %. 126 337 personnes (contre environ 98 000 en 1993) ont ainsi acquis la nationalité française, dont 33 255 (26,4 %) par manifestation de la volonté (*voir* pp. 28-29), 49 449 (39,1 %) par décret (demande de naturalisation) et 43 633 (34,5 %) par déclaration (suite à un mariage). Plus de la moitié de ces acquisitions sont le fait d'Africains et un quart d'Européens.

La réforme du Code de la nationalité, qui définit les conditions d'attribution et d'acquisition de la nationalité française, s'est traduite par une hausse de 32 % de nouveaux Français en 1994.

Tendances démographiques des populations en question

Désormais stables en nombre, les étrangers continuent à se renouveler et tendent à se confondre, par leurs caractéristiques démographiques, avec le reste de la population française.

La natalité étrangère en baisse

La fécondité des étrangères en France a très sensiblement diminué. Leur nombre moyen d'enfants, passant de 3,2 en 1981 à 2,8 en 1990, se rapproche de celui des Françaises qui, sur la même période, a varié de 1,8 à 1,7 enfant. La baisse diffère selon le temps de résidence. Ainsi, les Algériennes, les Tunisiennes et les Marocaines, qui avaient près de neuf enfants en 1968, n'en ont plus, en moyenne, que 3,5 en 1990. Arrivées en France plus récemment, les Africaines de l'Ouest enregistrent une moindre baisse, de 5,1 à 4,8 enfants par femme entre 1981 et 1990.

Portugais, Algériens et Marocains en tête

Si la part des étrangers dans la population française (6,3 % en 1990) est stable, elle masque deux tendances. D'une part, chaque année, l'arrivée de nouveaux étrangers (62 000 en 1994) est largement compensée par le nombre de ceux qui, installés ou nés en France, acquièrent la nationalité française (126 000 en 1994). D'autre part, les nationalités en présence changent. Les ressortissants africains sont majoritaires (45,4 % de la population étrangère) devant les Européens (40,7 %). En 1990, les Portugais forment la première communauté étrangère (environ 651 000 ressortissants) devant les Algériens (615 000) et les Marocains (572 000).

Répartition par âge et par sexe des étrangers et des Français en 1990						
Âge atteint en 1990 (en %)	Étrangers			Français		
	Ensemble	Hommes	Femmes	Ensemble	Hommes	Femmes
Moins de 15 ans	21,1	19,6	22,9	18,9	20,0	17,8
15 à 24 ans	14,2	13,3	15,4	15,0	15,9	14,3
25 à 34 ans	17,7	16,6	19,1	15,0	15,5	14,6
35 à 44 ans	15,6	14,3	17,1	15,2	15,9	14,6
45 à 54 ans	15,2	19,2	10,1	10,0	10,0	10,0
55 à 64 ans	8,4	9,9	6,6	10,6	10,4	10,9
65 ans et plus	7,8	7,0	8,7	15,2	12,4	17,9
Effectif en milliers	3 596	1 982	1 614	53 055	25 583	27 473
Source INSEE						

Suivent les Italiens (252 000), les Espagnols (216 000), les Tunisiens (205 000) et les Turcs (198 000). Enfin, les Africains de l'Ouest* (172 000) sont presque à égalité avec les ressortissants d'Asie (171 000).

Entre Français et étrangers, l'écart par sexe et par âge se stabilise

À la différence des Français, qui comptent légèrement plus de femmes que d'hommes, les étrangers sont en majorité de sexe masculin (55 %). Les effets du regroupement familial*, qui a permis d'accroître la part des femmes et des enfants, sont désormais atténués. Certes les étrangers de moins de 24 ans sont, en proportion, encore légèrement plus nombreux que les jeunes Français. À l'inverse, la part des personnes âgées de plus de 65 ans est presque deux fois moins importante chez les étrangers que chez les Français. Cependant, selon le sexe et l'âge, ces différences tendent à s'estomper à mesure que les immigrés vivent depuis longtemps dans l'Hexagone.

La croissance des mariages mixtes

Les étrangers sont plus nombreux à se marier avec des Français. Ces mariages mixtes* témoignent d'une intégration dans la société française. Ils sont en progression constante, de 20 318 en 1980 à 30 967 en 1992, alors même que le nombre total de mariages célébrés en France ne cesse de diminuer. La part de ces unions mixtes dans l'ensemble des mariages célébrés a en effet presque doublé en plus de dix ans, passant de 8 % à 14,5 %. Sur cette même période, ils sont en hausse pour les Maghrébins (de 22 à 39 %) mais en baisse pour les Européens (de 52 à 27 %).

Les caractéristiques des étrangers en France, selon le sexe, l'âge, le mariage et la natalité, se rapprochent de celles de la moyenne française.

Lieux de vie

Inégalement répartis sur l'Hexagone et concentrés pour les deux tiers dans les grandes villes et leurs banlieues, les immigrés souffrent d'un manque de logements, même si leurs conditions de vie se sont améliorées.

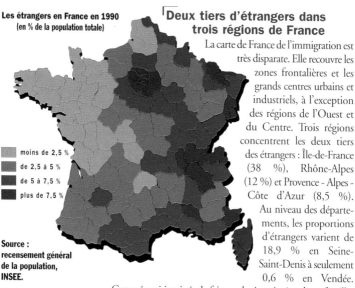

Les étrangers en France en 1990
(en % de la population totale)

moins de 2,5 %
de 2,5 à 5 %
de 5 à 7,5 %
plus de 7,5 %

Source :
recensement général
de la population,
INSEE.

Deux tiers d'étrangers dans trois régions de France

La carte de France de l'immigration est très disparate. Elle recouvre les zones frontalières et les grands centres urbains et industriels, à l'exception des régions de l'Ouest et du Centre. Trois régions concentrent les deux tiers des étrangers : Île-de-France (38 %), Rhône-Alpes (12 %) et Provence - Alpes - Côte d'Azur (8,5 %). Au niveau des départements, les proportions d'étrangers varient de 18,9 % en Seine-Saint-Denis à seulement 0,6 % en Vendée.

Cette répartition inégale fait que les immigrés et leurs familles sont « plus visibles » par endroit, ce qui entretient des réactions de rejet de la part de certains Français d'origine.

La politique du logement fait défaut

Jusque dans les années 60, les populations issues d'une immigration jugée passagère sont logées dans des foyers, des hôtels meublés, des cités de transit, voire dans des bidonvilles situés aux abords de Paris, Marseille ou Lyon. Ce n'est qu'à la fin des années 70 qu'une véritable politique de logement est adoptée par l'État. Elle consiste à rénover l'habitat insalubre et à proposer des logements dans des immeubles HLM (Habitation à loyer modéré),

FONDEMENTS | CONTEXTE | MOUVEMEN

libérés par les classes moyennes qui, elles, accèdent à la propriété. Des quartiers dits « prioritaires » font l'objet de projets de réhabilitation et de construction, notamment par l'intermédiaire du Fonds d'action sociale (FAS*).

Or, malgré les efforts consentis, *via* des aides financières et la création d'un ministère de la Ville, chargé de coordonner des actions de développement, les résultats sont décevants. Les logements continuent à manquer et à se délabrer. Les élus locaux hésitent à en construire de nouveaux, faute de moyens mais aussi par crainte de voir la proportion d'immigrés s'accroître dans leur commune. La pénurie touche en particulier les populations originaires d'Afrique de l'Ouest* et du Maghreb*, ainsi que leurs enfants, pour la plupart de nationalité française.

Les Portugais mieux lotis que les Maghrébins

Aujourd'hui, un quart des ménages étrangers est propriétaire de son logement (contre 56 % pour les Français). Parmi les locataires, trois ménages étrangers sur cinq logent dans le parc locatif privé et deux sur cinq dans un logement social de type HLM. Le surpeuplement dans les appartements a diminué et seuls 4 % des étrangers vivent dans des logements précaires (contre 25 % en 1980). Néanmoins, des disparités demeurent selon les nationalités. Pour exemple, si les Portugais disposent du même niveau de confort que les Français, ce n'est pas le cas des Maghrébins et de leurs familles.

L'emploi

L'emploi est au cœur du débat sur les immigrés, qui sont aujourd'hui moins souvent actifs, employés en majorité dans le secteur tertiaire et en première ligne face au chômage.

Des domaines d'activités privilégiés

Chaque communauté nationale a ses domaines privilégiés d'activités. Les Portugais et les Maghrébins représentent les trois quarts des étrangers du bâtiment. Les ressortissants d'Afrique de l'Ouest travaillent en majorité dans les services, les Turcs sont plus nombreux dans l'industrie et les travaux publics, tandis que Maghrébins et Asiatiques se réservent le commerce. Enfin, les Marocains sont particulièrement nombreux dans l'agriculture.

Une activité en baisse

À la fin des années 70, l'arrêt de l'immigration de travailleurs étrangers au profit du regroupement familial* a eu pour effet de réduire la part des actifs* parmi les étrangers, de 46 % en 1975 à 42 % en 1993. On constate une baisse d'activité globale chez les Français comme chez les étrangers. Toutefois, l'activité des hommes étrangers reste supérieure à celle des Français. Cette baisse a été atténuée par une place accrue des femmes dans le travail. Ainsi, en 1990, elles représentent plus de 33 % des emplois étrangers contre seulement 18 % en 1975. Cependant, ces chiffres varient selon les nationalités. Par exemple, chez les hommes, les Portugais, les Maghrébins, les Turcs et les Africains de l'Ouest* ont les taux d'activité les plus élevés. Chez les femmes, les Européennes, notamment les Portugaises, sont plus actives que les Turques et les Maghrébines.

Vers le secteur tertiaire

Les immigrés ont été en première ligne des mutations du marché du travail amorcées dans les années 80. Nombre de leurs emplois ont été supprimés par la robotisation et le développement d'industries de sous-traitance. Ainsi, entre 1975 et 1990, le bâtiment et l'automobile ont réduit de moitié leurs effectifs étrangers, et les industries agro-alimentaires ou sidérurgiques

Secteurs d'activités	Part des étrangers en 1982	Part des étrangers en 1990	Part des étrangers en 1994
Agriculture	3,3 %	3,4 %	3,4 %
Industrie	8,1 %	6,7 %	5,9 %
Bâtiment	17,3 %	16,3 %	17,1 %
Tertiaire	4,2 %	4,6 %	4,7 %
Chômage	10,6 %	11,5 %	24,5 %
Population active étrangère	**6,1 %**	**6,4 %**	**5,8 %**

La place de la population active étrangère dans l'économie française

Source INSEE

FONDEMENTS CONTEXTE MOUVEMEN

d'un quart. En fait, seules les industries du textile et de l'habillement continuent de leur offrir des débouchés. Dans ce contexte, les immigrés se sont massivement tournés vers un secteur tertiaire en croissance. Étant toujours surreprésentés dans les emplois les moins qualifiés (les deux tiers des étrangers actifs sont ouvriers ou employés contre seulement un tiers des Français), plus de la moitié des étrangers (contre 30 % en 1975) travaille désormais dans le commerce, les services hospitaliers, de nettoyage, de gardiennage, etc.

Un quart des actifs étrangers au chômage

Mais la perte des emplois dans l'industrie n'a pas été compensée par les emplois créés dans les services. En 1994, le chômage, qui touche environ 12 % de la population active française, concerne 11,6 % de Français et 24,5 % d'étrangers (dont 32,6 % pour les étrangers hors Union européenne). Les plus faibles niveaux de qualification et de formation des étrangers expliquent cet écart qui s'aggrave notamment pour les femmes. Le chômage est aussi beaucoup plus sensible chez les Maghrébins que chez les Portugais. Il triple en dix ans pour les uns et suit la courbe des Français pour les autres. Au-delà des nationalités, les immigrés sont aussi victimes de discriminations à l'emploi. Un exemple : le taux de chômage est de moitié plus important chez les Français par acquisition que chez les Français de naissance.

> « Qu'est-ce donc qu'un immigré ? Un immigré, c'est essentiellement une force de travail, et une force de travail provisoire, temporaire, en transit. [...] C'est le travail qui fait "naître" l'immigré, qui le fait être ; c'est lui aussi, quand il vient à cesser, qui fait "mourir" l'immigré, prononce sa négation ou le refoule dans le non-être. »
> Extrait de L'immigration ou les paradoxes de l'altérité d'Abdelmalek Sayad.

> La population active immigrée est aujourd'hui moins nombreuse que dans les années 60 et compte en proportion plus de femmes. Travaillant en majorité dans le secteur tertiaire, elle est la première victime du chômage.

Les faux-semblants

L'immigration, cause de tous les maux de la société française ? Cette accusation est fondée sur de faux-semblants. Chiffres et arguments à l'appui, trois exemples le démontrent.

Le chômage

« Trois millions de chômeurs, ce sont trois millions d'immigrés de trop. » Ce slogan, qui associe crise économique et immigration, est fondé sur une faute de calcul et sur pas moins de trois erreurs d'analyse. Ainsi, les 3 millions d'immigrés auquel il est fait référence sont en fait 1,5 million d'actifs[*]. D'autre part, un éventuel départ de ces immigrés, tous consommateurs, aurait pour première conséquence de désorganiser l'activité économique. De plus, un Français au chômage ne se précipitera pas pour reprendre le travail occupé par un étranger car la main-d'œuvre n'est pas substituable. Étant donné la diversité des formations, des besoins des entreprises et des aspirations de chacun, les salariés ne sont pas interchangeables. Enfin, les immigrés sont aussi créateurs d'emplois, notamment dans les secteurs du commerce et des services.

Le coût social

« Les étrangers coûtent cher. » Au-delà des chiffres, cette

affirmation repose sur une aberration : isoler une catégorie de la population française, qu'il s'agisse des immigrés, des personnes âgées, des jeunes ou des handicapés, c'est ne pas comprendre le principe même de fonctionnement d'un système de solidarité qui veut que les uns paient pour les autres, les actifs pour les retraités, etc., et ceci toutes nationalités confondues.

Quoi qu'il en soit, on notera que les étrangers salariés paient des cotisations et bénéficient de l'essentiel des prestations du système de protection social français. Ils cotisent plus qu'ils ne perçoivent pour le régime maladie et pour la retraite, car ils consultent moins souvent un médecin que les Français et sont en moyenne plus jeunes.

Par contre, ils perçoivent plus d'allocations familiales qu'ils ne cotisent, car ils ont en moyenne moins de ressources pour relativement plus d'enfants.

« Si un Français me vole, ce Français est un voleur, mais si un Arabe me vole, il n'a pas changé : c'est un Arabe qui m'a volé et rien de plus. » **Extrait de Les Paravents, Jean Genet, Gallimard, 1963.**

La délinquance

« Les étrangers sont cause d'insécurité. » À première vue, les statistiques sont sans appel. Les étrangers représentent environ 20 % des personnes mises en cause dans des infractions et près d'un tiers des détenus des prisons françaises.

Le taux de délinquance des étrangers est trois fois supérieur à celui des Français. Cependant, cet écart est ramené à deux contre un si l'on retranche les délits de clandestinité propres au statut d'étranger (*voir* pp. 32-33).

Par ailleurs, les étrangers font l'objet de contrôles plus systématiques, sont plus souvent incarcérés dans le cadre de procédure de flagrant délit et plus nombreux à être en détention provisoire (c'est-à-dire avant leur jugement). Enfin, la délinquance est surtout le fait d'une population jeune, masculine, moins scolarisée et moins intégrée socialement, autant de caractéristiques que cumulent les étrangers. En ce sens, la surdélinquance étrangère tient plus à une situation sociale qu'à une nationalité.

> Le chômage et le déficit de la Sécurité sociale ne sont pas liés à l'immigration en France. La délinquance des étrangers s'explique par une situation sociale défavorisée.

SITUATIONS ENJEUX APPROFONDIR

L'école

La réussite scolaire des jeunes issus de l'immigration progresse. Cependant, l'école ne parvient pas à gommer, seule, des inégalités persistantes et qui concernent notamment les enfants d'origine maghrébine.

Les étudiants étrangers

Sur les quelque 165 350 étudiants étrangers inscrits dans les universités en 1994-1995 plus de la moitié sont africains (dont un tiers d'origine maghrébine) et un sur cinq vient d'un pays de l'Union européenne. Une large partie d'entre eux résident en France pour la durée de leurs études et retourneront dans leur pays d'origine après avoir obtenu leur diplôme.

Moins nombreux mais plus « visibles »

De la maternelle au baccalauréat, l'école a accueilli en France, en 1994-1995, environ 910 000 élèves étrangers, soit 7,7 % des effectifs. Après avoir augmenté dans les années 60, leur nombre décroît depuis la fin des années 80 avec la baisse des flux migratoires et de la fécondité des femmes étrangères, ainsi qu'avec la progression des naturalisations*. Cependant, la proportion d'élèves étrangers est très variable selon les départements : entre 1 et 2 % à Rennes ou Poitiers contre près de 30 % dans certaines écoles de la banlieue parisienne. Ces « concentrations » attisent les inquiétudes de ceux qui estiment que ces jeunes issus de l'immigration font « baisser le niveau ».

Même réussite scolaire à même statut social

Certes, par rapport à la moyenne nationale, les enfants d'immigrés connaissent plus de difficultés. Ils sont relativement plus nombreux à fréquenter les classes d'adaptation ou à sortir de l'école sans qualification. Pourtant, toutes les études montrent qu'à même statut social, les jeunes issus de l'immigration réussissent aussi bien que les Français d'origine. L'échec scolaire de ces jeunes n'est donc pas lié à leur nationalité ou à celle de leurs parents mais à une situation sociale en moyenne plus défavorisée.

Le poids du milieu familial

Les échecs enregistrés révèlent ainsi les faiblesses d'un système scolaire qui ne parvient pas à effacer les inégalités. Toutefois, la naissance ou l'ancienneté en France, l'entourage familial qui maîtrise plus ou moins bien la langue française influent aussi sur les performances de l'élève. La réussite des enfants d'immigrés du Sud-Est asiatique

Effectifs des élèves et étudiants étrangers en France			
	Écoles primaires	Collèges et lycées	Universités
1975-76	562 994 (7,7 %)	254 581 (5,1 %)	85 578 (11,4 %)
1980-81	655 716 (9,2 %)	307 417 (6,0 %)	121 211 (13,4 %)
1985-86	697 213 (10,4 %)	383 539 (7,1 %)	131 979 (13,6 %)
1990-91	650 900 (9,7 %)	412 226 (7,5 %)	136 015 (11,6 %)
1994-95	551 849 (8,4 %)	358 456 (6,6 %)	165 350 (11,8 %)

Source ministère de l'Éducation nationale

tranche avec les difficultés rencontrées, par exemple, par des enfants de Turcs, récemment installés, et qui ont débuté leur scolarité dans leur pays d'origine.

Le système scolaire en cause

Depuis Jules Ferry au XIXᵉ siècle, l'école a permis à des enfants de diverses origines provinciales ou étrangères de se fondre dans une culture et un savoir communs. Or, pour les immigrés les plus récents, ce modèle est remis en cause. Dans les années 70 et 80, des programmes spécifiques de langues et de cultures d'origine se sont alors multipliés pour favoriser le « droit à la différence ». Mais cette voie a montré ses limites. L'idée selon laquelle les enfants d'immigrés ne constituent pas une catégorie à part a été réaffirmée.

Dès 1982, des Zones d'éducation prioritaire (ZEP) ont été mises en place pour renforcer les moyens d'encadrement et d'enseignement dans certains établissements. Si les jeunes d'origine immigrée sont alors plus nombreux à réussir une ascension sociale par rapport à leurs parents, des problèmes sociaux demeurent, que l'école ne peut affronter seule.

Moins nombreux mais plus « visibles », les jeunes issus de l'immigration sont confrontés à un échec scolaire qui tient plus à leur situation sociale qu'à leur nationalité d'origine.

Les pratiques culturelles

Les immigrés ont en commun des pratiques culturelles spécifiques. Si elles finissent par se mêler aux modes de vie de la société française, elles s'y heurtent parfois.

Islam : les moyens de la foi

En France, les croyants musulmans regroupés dans des associations disposent de 8 mosquées, 120 salles permanentes de prières et un peu plus de 1 000 locaux aménagés.

Page de droite :
La mosquée
de Paris.

Une culture d'origine à entretenir

Pour un immigré, parler sa langue maternelle, respecter des traditions culinaires et vestimentaires ou pratiquer sa religion sont autant d'usages et de savoirs qui témoignent d'une volonté de préserver un lien symbolique avec son pays d'origine. Ces pratiques sont entretenues au sein de la famille, dans les relations entre amis ou par l'intermédiaire d'un réseau associatif. Les associations sportives, culturelles, religieuses, professionnelles ou d'entraides, autour desquelles les immigrés se rassemblent, sont des occasions de manifester publiquement leur présence dans la société française.

Des pratiques différenciées

Cependant, le respect de telle ou telle pratique est variable selon les nationalités. Si les immigrés d'Afrique de l'Ouest*, d'Espagne ou du Portugal se réunissent souvent au sein d'associations communautaires, cette attitude est

plus rare chez les immigrés du Maghreb*. De même, la cuisine traditionnelle occupe une place prépondérante chez les immigrés du Maroc, du Sud-Est asiatique et de Turquie, ce qui est moins le cas parmi ceux d'Algérie, d'Espagne et du Portugal. Il apparaît encore que la très grande majorité des immigrés, à l'exception des Turcs, parlent et lisent couramment le français aux dépens de leur langue d'origine qui se transmet difficilement aux enfants.

Face à la société française

En fait, ces pratiques culturelles n'étant jamais figées, elles finissent par se mêler ou se juxtaposer aux modes de vie français. Mais ce mélange ne se fait pas sans heurts. Les réticences face à ces « différences » sont courantes, selon qu'elles restent ou non cantonnées à la vie privée ou souffrent d'idées reçues. Par exemple, si les festivités du nouvel an asiatique sont accueillies comme l'expression d'un folklore amusant, à l'inverse, la fête musulmane de *'id-al-kabîr* qui impose à chaque famille d'égorger un mouton, selon un rituel bien défini, suscite des réactions d'incompréhension.

Le cas de l'islam

L'islam s'est implanté en France à travers trois générations d'immigrés. Aux travailleurs maghrébins des années 60 ayant un rapport lointain avec cette religion ont succédé des familles sédentarisées* qui affirment discrètement leurs croyances. Puis, à partir des années 80, la montée de l'islam dans le monde va trouver un écho auprès de populations musulmanes qui se sont diversifiées (Maghreb, Pakistan, Afrique de l'Ouest, Turquie). Ainsi, l'islam, aujourd'hui deuxième religion de France avec environ 3 millions de musulmans, ne concerne pas une communauté homogène. Cette religion, très mal connue des non musulmans, est souvent présentée au grand public à travers ses mouvements extrémistes. La crainte ainsi provoquée fait alors oublier qu'elle est pratiquée dans son immense majorité par des fidèles modérés.

Préservant des liens avec leur pays d'origine, les immigrés entretiennent des pratiques spécifiques qui se heurtent à la société française dans son ensemble.

Le modèle d'intégration en jeu

Les modes d'intégration des immigrés varient d'un pays à l'autre. Si la spécificité du cas français a longtemps fait ses preuves, il est aussi régulièrement remis en cause.

« Sans nier les différences, en sachant les prendre en compte sans les exalter, c'est sur les ressemblances et les convergences qu'une politique d'intégration met l'accent afin, dans l'égalité des droits et des obligations, de rendre solidaires les différentes composantes ethniques et culturelles de notre société et de donner à chacun, quelle que soit son origine, la possibilité de vivre dans cette société dont il a accepté les règles et dont il devient un élément constituant. »
Extrait de *Pour un modèle français d'intégration,* **Haut Conseil à l'intégration, La Documentation française, 1991.**

Trois conceptions de l'intégration

L'intégration, ou l'assimilation, définit le processus permettant aux immigrés de se mêler à une société qui les accueille pour y vivre en harmonie. Si chaque pays d'immigration adopte une attitude particulière, selon son histoire ou sa situation économique et politique, trois conceptions de l'intégration se distinguent. En France, elle est individuelle : chaque étranger adhère à la société française par sa pratique de la langue, son apprentissage de la culture et sa volonté de participer à la vie de la nation. Aux États-Unis, pays fondé sur le principe du *melting pot**, elle est communautaire. Tout en préservant ses particularismes, chaque communauté s'intègre de façon collective dans la société américaine qui est ainsi multiculturelle*. Enfin, en Allemagne, la conception ethnique* de la nation met l'accent sur l'histoire et les liens du sang. Aussi les immigrés turcs, qui ne partagent pas le même passé que les Allemands, accèdent-ils difficilement à la nationalité allemande.

La spécificité française

Le modèle français, hérité de la révolution de 1789, obéit à une logique d'égalité et non de minorité. Si, pour l'étranger, l'accès à la nationalité française est facilité, en contrepartie, son identité et sa culture d'origine sont, sinon effacées, en tous les cas, confinées à la vie privée. L'école, l'emploi, le logement et l'égalité des droits sont les principaux instruments de cette intégration, garantissant des droits et des devoirs. Mais ce modèle qui a fonctionné durant plus d'un siècle est fragilisé par un mouvement de rejet des immigrés, notamment maghrébins, jugés difficilement assimilables. Un débat s'est alors

FONDEMENTS   CONTEXTE   MOUVEMENTS

> « *Ce sont les mêmes facteurs qui ont permis à la fois l'assimilation des diverses composantes régionales de la population française dans le passé et l'intégration des millions d'immigrés installés en France dans la période récente* ».
> Extrait de *Population, immigration et identité nationale en France aux xixe et xxe siècles*, Gérard Noiriel.

engagé. Pour les uns, le modèle doit désormais s'ouvrir aux différences et aux particularismes de chaque communauté. À l'inverse, pour les autres, la défense de l'identité nationale est une priorité à préserver pour éviter de voir se créer sur des critères ethniques une société multiculturelle. Le compromis, défini par le Haut Conseil à l'intégration*, entre le fait d'exalter les différences et au contraire le fait de les lisser, n'empêche pas que la polémique se poursuive.

Une intégration en marche, mais...

Contrairement à certaines idées reçues, l'intégration des immigrés en France est à l'œuvre. D'après les

travaux de la sociologue-démographe Michèle Tribalat, des indicateurs prouvent ce phénomène : la déperdition des langues d'origine, la croissance des unions mixtes, l'ouverture à la société française, la mobilité sociale, etc. L'école étant l'un des outils les plus efficaces. Des difficultés demeurent, liées aux inégalités sociales. Et à cette crise sociale se mêle une crise d'identité qui s'accompagne de fortes revendications, surtout parmi les jeunes.

L'exception turque
Les immigrés turcs, arrivés récemment en France pour la plupart, témoignent d'un certain repli communautaire. Ayant un faible usage de la langue française, ils restent le plus souvent entre eux et entretiennent peu de relations avec la société française. Les mariages mixtes sont rares, le désintérêt pour l'école est relativement marqué et l'ascension sociale des enfants est faible.

> Fondé sur une intégration égalitaire et individuelle, le modèle français trouve aujourd'hui ses limites dans des inégalités sociales persistantes.

Un enjeu social

Le problème d'intégration si souvent invoqué ne cache-t-il pas l'incapacité d'une société à proposer des réponses concrètes aux questions que tous, Français et étrangers, se posent sur l'emploi, le logement, etc. ?

« *... Laisser à l'abandon une partie des jeunes de la nation ne sera pour la France qu'une nouvelle amputation Car la fête est finie, finie. Fini de rire. J'ai peur pour l'avenir...* » **Extrait de** *Qui paiera les dégâts*, **de l'album « Paris sous les bombes », 1995, par NTM, groupe français de rap.**

Les jeunes en première ligne de l'exclusion

Pris dans la tourmente de la crise économique, les immigrés n'ont pas eu les moyens de s'adapter. Leurs enfants, arrivés récemment sur le marché du travail, rencontrent d'autant plus de difficultés qu'ils subissent un fort échec scolaire. Les jeunes d'origine maghrébine, les beurs*, sont particulièrement touchés. D'autant qu'à niveau de diplômes équivalents, ils ont plus de mal à trouver un emploi que leurs camarades français d'origine ou portugais. Cette situation suggère qu'il existe des discriminations pour cette catégorie de la population, dont la plupart est française. De telles discriminations se rencontrent aussi au niveau du logement où à même statut social, les immigrés et leurs enfants sont moins bien lotis que le reste de la population française.

FONDEMENTS | CONTEXTE | MOUVEMENT

La crise des banlieues

Le « malaise » des banlieues est souvent présenté comme la preuve d'une non-intégration des immigrés en France. Si ces cités concentrent une forte proportion d'étrangers, contrairement à une image stéréotypée, elles ne peuvent être comparées à des ghettos dans la mesure où différentes nationalités cohabitent. Quoi qu'il en soit, elles cumulent tous les handicaps : un chômage très supérieur à la moyenne nationale, des rapports sociaux et familiaux en déliquescence, des infrastructures sportives ou culturelles qui font défaut, des formes d'enclavement dues à l'insuffisance des modes de communication avec l'extérieur... L'exclusion frappant en premier lieu le jeune issu de l'immigration se traduit alors par une recrudescence de la délinquance, de la toxicomanie et d'actes de violences. En ce sens, si problème d'intégration il y a, il est moins dans un refus de ces jeunes à s'intégrer en France que dans l'incapacité des autorités à proposer des réponses adaptées sur des points précis tels que l'emploi, le logement, la culture, etc.

Des ZEP au « plan Marshall »

Depuis 1981, la décentralisation* a permis d'élaborer des projets locaux, des Zones d'éducation prioritaires (ZEP) aux Zones à urbaniser en priorité (ZUP), qui s'accompagnent de programmes de Développement social des quartiers (DSQ). Ces actions sont relayées par un vaste réseau d'associations qui interviennent dans les domaines du soutien scolaire, de l'aide au logement et de la recherche d'emploi, de l'organisation d'activités culturelles et sportives. Mais ces initiatives se révèlent insuffisantes face à des problèmes tels que le chômage. En 1996, un « plan Marshall pour les banlieues », désormais nommé « Pacte de relance pour la ville » est adopté. Au-delà de mesures ponctuelles, il marque la volonté de remobiliser l'État sur des enjeux nationaux.

Un plan d'action pour les banlieues en difficulté

Le « Pacte de relance pour la ville » repose sur quatre axes : l'emploi, le logement, la démocratie et la sécurité. Il s'agit notamment de favoriser l'implantation et le maintien d'entreprises et de commerces pour restaurer le tissu économique de certains quartiers. Des projets de démolition et de reconstruction de logements sont aussi d'actualité. De même, des « médiateurs » et des « conseils de quartiers » sont encouragés à agir pour faciliter le dialogue entre les autorités et les habitants.

> Les jeunes issus de l'immigration sont les premières victimes d'une exclusion qui s'exprime à travers le problème des banlieues. Les réponses d'ordre social restent en suspens.

Intégration et citoyenneté

L'intégration passe par une reconnaissance des droits civiques. La distinction faite entre étrangers européens et non européens remet à l'ordre du jour la question du droit de vote et de la citoyenneté.

L'étranger, un citoyen à part ?

Selon la Constitution française, la notion de citoyenneté, qui garantit des droits civils et politiques, et celle de nationalité, qui est la marque d'appartenance à un État, sont étroitement liées. En France, si l'étranger a le droit de travailler et dispose de droits fondamentaux tels que la liberté d'expression, il ne bénéficie d'aucun droit politique. Il ne peut ni voter ni être candidat à des élections locales ou nationales. En 1981, le président de la République, François Mitterrand, projette de modifier cette situation en accordant aux étrangers résidant en France depuis plus

de cinq ans le droit de vote aux élections locales. Cette proposition électorale est finalement abandonnée tant elle soulève de contestations. Dix ans plus tard, ce débat qui semblait clos est à nouveau posé par la construction européenne.

> « La citoyenneté compte maintenant trois échelons : le citoyen français qui participe à toutes les élections ; le citoyen de la France locale et de l'Europe ; et le non-citoyen, un étranger installé parfois depuis très longtemps en France et dont les liens historiques avec notre pays sont très étroits. Comment justifier son exclusion de la citoyenneté ? On répondra à cela que ceux qui veulent devenir citoyens peuvent toujours demander la nationalité française. C'est tout à fait juste, sauf que, pour des raisons historiques, une telle démarche est parfois si difficile qu'elle est rarement entreprise : c'est le cas des immigrés d'Algérie. La propension à l'acquisition de la nationalité française est en effet fort variable d'un courant migratoire à l'autre, et ne revêt pas un sens équivalent pour chacun. »
> **Extrait de Faire France, Michèle Tribalat.**

Une citoyenneté européenne à deux vitesses

En effet, depuis 1992, la ratification du traité de Maastricht rend possible le droit de vote et l'éligibilité aux élections locales et européennes des ressortissants de l'Union européenne installés dans un autre État membre. La citoyenneté européenne est ainsi née. Et en France, ce bouleversement profite aux seuls étrangers européens. Il concerne 1,1 million d'immigrés espagnols, portugais et italiens. Mais pour les autres, notamment les immigrés maghrébins installés en France depuis de nombreuses années, cette nouvelle législation est considérée comme discriminatoire. Aussi le débat reste-t-il ouvert.

Les immigrés dans la citoyenneté française

Si plusieurs pays de l'Union européenne ont accordé le droit de vote aux étrangers, la France semble sur ce point réticente à une harmonisation des législations. Les opposants à l'extension de ce droit craignent que s'exprime un vote spécifiquement immigré, lié à telle ou telle nationalité d'origine. Pourtant, ni les étrangers qui participent à la vie politique locale dans certains pays ni les immigrés français en France ne forment un groupe homogène propre à créer des lobbies selon des appartenances ethniques. Au contraire, au même titre que le reste de la population française, les immigrés se partagent indifféremment entre les divers partis politiques en présence, ce qui témoigne plutôt d'une véritable intégration.

> En France, citoyenneté et nationalité sont étroitement liées. Pourtant, la construction européenne et l'émergence d'un citoyen européen remettent en cause ce principe, qui ne concerne plus que les étrangers non européens.

En quête d'identité

L'immigration est l'expérience d'un déracinement par rapport à une culture d'origine, réelle ou symbolique. Des identités multiples se construisent et cherchent à s'exprimer au sein de la société française.

Entre identités réelles et symboliques

Les immigrés, qui ont en partie perdu les références à leur pays d'origine, ne se considèrent pas forcément comme « tout à fait Français ». Quant à leurs enfants, français pour la plupart, ils se définissent souvent comme étant « entre deux cultures ». L'une, réelle et quotidienne, est le résultat de leur participation à la société dont ils sont les membres. L'autre, plus diffuse, exprime une sorte de fidélité à des origines familiales, connues ou inconnues, mais bien présentes dans les esprits par la façon de se désigner ou d'être désignés : « beurs* », « blacks* », etc. Or, tant qu'ils ont un métier, un logement décent et des liens familiaux, ces « déracinés » gèrent sans trop de difficultés ces identités multiples. Mais pour les autres, sans projet professionnel ou familial à bâtir, la tentation est grande d'un repli vers une communauté autre que « cette France qui les rejette ».

L'islam entre fantasmes et réalités

Ce repli communautaire concerne notamment l'islam. Il peut s'apparenter à une expression identitaire forte incompatible avec la tradition française. Face aux associations musulmanes, qui proposent des réponses concrètes (soutien scolaire, professionnel, etc.) et spirituelles à une frange de la population immigrée, en particulier les jeunes, certains parlent d'« islamisation » de la société française. L'immigré est alors assimilé au musulman et le musulman à l'intégriste. Or, à quelques rares exceptions près, ces pratiques religieuses ont des motivations très modérées. La religion comme obstacle à l'intégration, l'argument a été utilisé en d'autres temps pour les juifs qui vivent aujourd'hui leur culte en parfaite harmonie dans la société française. En ce sens, loin d'être une cause de non-intégration, le besoin de religion peut être interprété

« L'identité se construit moins dans le rapport à soi et à l'identique que dans le rapport à l'autre et dans la différence, définie tout à la fois par l'autre et contre l'autre. »
Extrait de « L'Autre et le semblable »,
de Christian Bromberger,
anthropologue,
in L'autre et le
semblable, **ouvrage collectif, Presse du CNRS, 1989.**

comme le signe d'une volonté de reconnaissance sociale et par là-même d'intégration, sur le mode d'un « islam à la française ».

Gérer des identités multiples

Au-delà du repli communautaire et des constructions symboliques des identités, il reste des cultures différentes qui cohabitent et cherchent à s'exprimer. De même que les Français d'origine revendiquent certains particularismes régionaux, sociaux ou autres,

> « *Quand [des immigrés] disent que leurs enfants "sont comme ci…" et qu'ils "ne sont pas comme ça…" ou, inversement, qu'ils "sont comme ça…" et qu'ils "ne sont pas comme ci…", cela équivaut à dire qu'ils "sont français ou comme des Français" (ou ce qu'ils croient "être des Français") et, par conséquent, ne "sont pas ou plus algériens, arabes, musulmans, etc." ; inversement, dire qu'ils "sont algériens, arabes, musulmans, etc." et s'en réjouir, cela revient à reconnaître en le déplorant qu'ils "ne sont pas instruits" ou qu'ils "n'ont pas de métiers qualifiés" (comme des Français). Devant ce choix impossible, tout se passe comme s'ils voulaient, pour leur joie et leur peine, que leurs enfants, dans le même temps soient et ne soient pas, à la fois "comme ci…" et "comme ça…" »*
> **Extrait de** *L'immigration ou les paradoxes de l'altérité* d'Abdelmalek Sayad.

pour bénéficier d'une reconnaissance parmi les autres, les immigrés et leurs enfants n'échappent pas à cette quête d'identité. Chacun se définit et s'identifie par rapport à des cultures, des pays ou des histoires diverses. Tel jeune « beur » écoute de la musique rap, rêve des paysages du Maghreb*, regarde des téléfilms américains, suit un rite musulman, supporte l'équipe de football de son quartier, etc. Ses références sont multiples, locales, familiales ou mondiales et, dans le même temps, il est bel et bien intégré à la société française.

Les immigrés et leurs enfants ont en commun d'être souvent entre « deux cultures ». Ces identités multiples cherchent une place dans la société française.

La question de l'Autre

Le thème de l'immigration renvoie à la question philosophique de l'Autre. Son acceptation et la perception de sa différence est d'autant plus difficile qu'elle impose de se définir soi-même.

Cet Autre si étranger

« *L'enfer, c'est les autres* », écrit Jean-Paul Sartre qui replace la question du rapport à autrui aux fondements des interrogations philosophiques. Face au regard de cet Autre qui est « *celui que je ne suis pas* », chacun est confronté à sa propre limite d'être. Cette idée nous ramène à la solitude existentielle. On sait depuis Platon que le « même » et l'« autre » (ou l'identité et l'altérité) sont des termes relatifs qui forment un tout. Pour la psychanalyse, l'identité est conscience et l'altérité inconscience. Cette altérité est non plus seulement « *ce que je ne suis pas* » mais serait aussi ce que « *je ne veux pas être* » et qui a été refoulé dans l'inconscient. Lorsqu'il surgit dans la conscience, cet Autre est alors « *d'une inquiétante étrangeté* », explique Freud.

Entre « Nous » et « Eux »

L'étranger naît de la difficulté de « penser l'autre ». À défaut d'être abordés comme internes à la société française, les enjeux de l'immigration sont couramment posés

| FONDEMENTS | CONTEXTE | MOUVEMEN |

dans une opposition entre « Nous » et « Eux ». D'un côté, « Nous » a en commun une langue, une histoire et des pratiques qui en font un tout symboliquement unifié : « notre » identité française. De l'autre, « Eux » désigne les étrangers au sens le plus large, venus d'un ailleurs lointain, aperçus comme différents par essence.

> « On nous pose aussi souvent cette question fatidique :
> – D'où tu es, toi ?
> Alors nous répondons :
> – De Lyon !
> Généralement, ce type de réponse fait sourire. On ne l'attendait pas.
> – Non, je veux dire, de là-bas ?
> Alors nous sommes obligés de préciser :
> – Ah, mes parents, tu veux dire ?
> – Oui.
> – D'Algérie. De Sétif.
> Dans ce type de dialogue, l'Origine sert moins à fonder pour comprendre qu'à marquer une limite entre moi et l'autre. »
> **Extrait de Écarts d'Identité,
> Azouz Begag et Abdellatif Chaouite.**

La construction de l'étranger

L'immigré qui, ici en France, partage les mêmes réalités quotidiennes, fait toujours un peu peur. C'est qu'il est mobile – il a quitté un pays pour un autre – et vient d'ailleurs – un autre pays souvent mal connu des Français d'origine. L'immigré « nous » renvoie notre propre image de sédentaire. En réponse, « nous » accolons à l'étranger des caractéristiques subjectives. Une construction symbolique s'opère alors en reprenant des stigmates nourris de fausses évidences. Celles-ci se rapportent à des modes de vie présumés (« *les Africains sont polygames* », « *les Asiatiques sont travailleurs* »), à la religion (« *les musulmans sont des intégristes* ») ou encore à des comportements déviants (« *les Arabes sont des voleurs* »).

Définir le Soi pour parler de l'Autre

Éviter cette construction de l'Autre qui mène à la xénophobie* impose de se définir soi-même. Aussi, comme le suggère le philosophe Emmanuel Levinas, « *le lien avec autrui ne se noue que comme responsabilité, que celle-ci, d'ailleurs, soit acceptée ou non, que l'on sache ou non comment l'assumer, que l'on puisse ou non faire quelque chose de concret pour autrui. Dire : me voici. Faire quelque chose pour un autre. Donner. Être esprit humain, c'est cela.* » Car, explique un autre philosophe, Michel Serres : « *Tout le monde vient d'ailleurs, ce qui n'empêche qu'il ne soit chez lui ici. Il n'y a pas d'étranger et nous le sommes tous. Ici est partout, il n'y a que des Ici.* »

> L'immigration est au cœur de la question philosophique du rapport à autrui et par là même à la conscience de soi.

Glossaire

Actif : *voir* population active

Afrique de l'Ouest : désigne la zone géographique située au sud du Maghreb comprenant notamment, d'ouest en est, le Sénégal, la Guinée, le Mali, la Côte d'Ivoire, le Ghana, le Togo, le Bénin, le Nigeria, le Cameroun, le Gabon, le Congo et le Zaïre.

Apatride : individu n'ayant pas de nationalité légale et n'étant reconnu par aucun État.

Asie : désigne la zone géographique qui comprend notamment la Chine, le Cambodge, le Laos, le Vietnam, la Malaisie, les Philippines, l'Inde, le Sri Lanka, le Pakistan et l'Iran.

Beur : terme d'argot tiré du mot arabe en verlan (à l'envers) qui désigne les jeunes d'origine maghrébine.

Black : terme d'argot de l'anglais signifiant « noir » qui désigne les jeunes d'origine africaine.

Cosmopolite : adjectif qui qualifie un ensemble de personnes ou de genres originaires d'une multitude de pays différents.

Décentralisation : délégation par l'État de ses pouvoirs au niveau des collectivités locales (régions, départements, communes).

Ethnique : désigne une population selon des critères de langue de culture communes.

FAS (Fonds d'action sociale) : cet établissement, sous tutelle du ministère des Affaires sociales, gère un budget et met en place des programmes sociaux et éducatifs pour aider les travailleurs immigrés et leurs familles.

Haut Conseil à l'intégration : créé en 1989 et composé de 9 membres indépendants, il est consulté (par ministères, associations, etc.) et fait des propositions sur toutes les questions relatives à l'intégration.

HCR (Haut-Commissariat aux réfugiés) : organisation à caractère humanitaire créée en 1951 et dépendant de l'Organisation des Nations unies, chargée d'assurer la protection des réfugiés dans le monde.

Maghreb : ensemble géographique comprenant l'Algérie, la Tunisie, le Maroc, la Libye et la Mauritanie.

Mariage ou union mixte : mariage célébré entre un ressortissant du pays (Français ou Française) et un(e) étranger(ère).

Melting-pot : caractérise le peuplement des États-Unis au XIXe siècle par le brassage et l'intégration de populations d'origines nationales différentes.

Multiculturelle : se dit d'une société qui, à l'exemple des États-Unis, est fondée sur la diversité de communautés ethniques, chacune revendiquant sa propre identité culturelle.

Naturalisation : procédure administrative par laquelle un étranger accède à la nationalité française.

OFPRA (Office français de protection des réfugiés et apatrides) : organisme public créé en 1952, chargé d'étudier et de statuer sur les demandes d'asile.

OMI (Office des migrations internationales) : créé en 1987 en remplacement de l'ONI suite à la baisse de l'immigration, cet organisme s'occupe essentiellement du regroupement familial et de promouvoir la présence d'expatriés français à l'étranger.

ONI (Office national de l'immigration) : créé en 1945 enremplace-ment de la Société générale d'immigration, cet établissement public a le monopole du recrutement de travailleurs étrangers et de l'introduction des familles en France.

Population active : ensemble des individus exerçant un emploi rémunéré ou étant à la recherche d'un emploi.

Régime de Vichy : expression désignant le système de « l'État français » institué du 10 juillet 1940 au 20 août 1944, sous la direction du maréchal Pétain, et dont le siège se trouvait à Vichy. Ce pouvoir, installé sous le contrôle des occupants allemands, abolit toutes les institutions démocratiques et est dénué de toute légitimité républicaine.

Regroupement familial : procédure administrative menée par l'OMI* visant à organiser l'entrée et le séjour en France de la famille d'un immigré.

Ressortissant : personne rattachée à l'autorité d'un pays.

Sédentariser (se) : se dit des populations qui se fixent sur un lieu ou dans un pays.

Travailleurs permanents : salariés sous contrat à durée indéterminée ou supérieure à un an.

Travailleurs saisonniers : salariés employés pour une durée limitée à un travail spécifique.

Xénophobie : crainte, peur, aversion, haine, rejet de celui qui est perçu comme étant étranger, de ce qui vient de l'étranger parce que supposé menaçant un équilibre, une harmonie locale, autochtone.

Bibliographie

AMAR (Marianne) ET MILZA (Pierre)
L'immigration en France au XXᵉ siècle
Armand Colin, 1990.
Une approche didactique des questions clés de l'immigration classées par thème.

Droits des étrangers - Le guide
sous la direction de Christine BARATS,
Le Livre de Poche, 1994.
Un guide pratique qui explique en termes clairs toute la législation sur les étrangers, depuis l'entrée et le séjour jusqu'à la nationalité, en passant par les questions quotidiennes de logement, protection sociale, police, justice, etc.

BEGAG (Azouz) et CHAOUITE (Abdellatif),
Écarts d'identité
coll. « Point », Seuil, 1990.
Un petit ouvrage facile à lire qui remet en place quelques idées reçues sur les immigrés maghrébins, dans un style incisif.

BEGAG (Azouz)
Le Gone de Chaâba
Seuil, 1986.
L'histoire (autobiographique) d'un enfant d'immigrés de la banlieue lyonnaise. Plein de malice et d'émotions.

La misère du monde, sous la direction de Pierre BOURDIEU, Seuil, 1993.
Un ouvrage de référence. Recueils de témoignages et d'analyses sur la crise sociale en France parmi lesquels l'immigration occupe une place essentielle.

CAVANNA
Les Ritals
Belfond, 1978.
Un roman autobiographique drôle et émouvant sur l'immigration italienne.

INSEE
Les Étrangers en France
coll. « Contours et caractères »,
Insee, 1994.
Un recueil de données statistiques sur la population étrangère en France.

KRISTEVA (Julia)
Étrangers à nous-mêmes
coll. « Folio », Gallimard, 1991.
Un essai sur la notion d'étranger à travers l'histoire de la pensée européenne depuis les philosophes grecs. Très riche et relativement difficile à lire.

Histoire des étrangers et de l'immigration en France, sous la direction de Yves LEQUIN, Larousse, 1992.
Un ouvrage très documenté rédigé par des historiens de référence. Indispensable pour qui veut avoir une vision globale des différents types d'immigrations et de leurs apports au fil des siècles.

MILZA (Olivier)
Les Français devant l'immigration
Éditions Complexe, 1988.

Cet essai retrace l'histoire des comportements des Français face aux immigrés en s'appuyant sur une analyse des discours politiques comme des faits divers qui ont jalonné ce siècle.

NOIRIEL (Gérard)
Le creuset français. Histoire de l'immigration aux XIXᵉ et XXᵉ siècles
Seuil, 1984.
Incontournable. Cet ouvrage présente une analyse tout à la fois historique et sociologique qui offre un éclairage précieux. Mérite qu'on s'y attarde même s'il est parfois difficile d'accès.

Population, immigration et identité nationale en France aux XIXᵉ et XXᵉ siècles Hachette, 1992.
En prolongement du précédent, cet ouvrage met en relief la spécificité de l'immigration en France et apporte des analyses pertinentes sur la question de la nation.

SAYAD (Abdelmalek)
L'immigration ou les paradoxes de l'altérité
Éd. De Boeck, 1991.
Difficile d'accès. Cet essai très pertinent est un recueil d'articles de fond et de commentaires de témoignages d'immigrés.

SCHNAPPER (Dominique)
La France de l'intégration. Sociologie de la nation en 1990
Gallimard, 1991.
Cet ouvrage, qui est devenu un « classique », apporte un éclairage sociologique sur le rapport entre immigration et nation.

Face au racisme, sous la direction de Pierre-André TAGUIEFF, La Découverte, 1991.
Des problèmes de l'immigration au racisme, cet ouvrage en deux tomes réunit des textes d'auteurs de références et apporte des arguments précis et concrets face aux discours xénophobes.

TODD (Emmanuel)
Le destin des immigrés
Seuil, 1994.
D'une lecture difficile, cet ouvrage controversé apporte un éclairage intéressant sur la manière dont s'effectue l'assimilation des différentes populations immigrées en France, en Allemagne, aux États-Unis et en Angleterre.

TRIBALAT (Michèle)
Faire France, Une enquête sur les immigrés et leurs enfants
La Découverte, 1995.
Une étude inédite sur l'intégration en France nourrie par des données chiffrées et des analyses précises.

WEIL (Patrick)
La France et ses étrangers L'aventure d'une politique de l'immigration : 1938-1991
Calmann-Lévy, 1991.
Un ouvrage historique inédit et de référence qui analyse les différentes politiques mises en œuvre dans le domaine de l'immigration.

Adresses utiles

ADMINISTRATIONS

Fonds d'action sociale (FAS)
209, rue de Bercy
75585 Paris Cedex 12
Tél. : (1) 40 02 77 01

Ministère des Affaires sociales
Direction de la population et des migrations
1, place de Fontenoy
75350 Paris 07 SP
Tél. : (1) 40 56 60 00

OMI (Office des migrations internationales)
44, rue Bargue
75732 Paris Cedex 15
Tél. : (1) 45 66 26 00

OFPRA (Office français de protection des réfugiés et apatrides)
45, rue Maximilien-Robespierre
94120 Fontenay-sous-Bois
Tél. : (1) 48 76 00 00

ASSOCIATIONS

CAIF (Conseil des associations immigrées de France)
46, rue de Montreuil
75011 Paris
Tél. : (1) 43 72 75 85

CIMADE
176, rue de Grenelle
75007 Paris
Tél. : (1) 44 18 60 50

FASTI (Fédération des associations de soutien aux travailleurs immigrés)
4, square Vitruve
75020 Paris
Tél. : (1) 40 31 84 41

GISTI (Groupe d'information et de soutien des travailleurs immigrés)
30, rue des Petites-Écuries
75010 Paris
Tél. : (1) 42 47 07 09

Service social d'aide
aux émigrants
72, rue Regnault
75013 Paris
Tél. : (1) 40 77 94 00

FONDEMENTS | CONTEXTE | MOUVEMEN

Index

Le numéro de renvoi correspond à la double page.

Dans la collection
Les Dicos Essentiels Milan

Le dico du multimédia
Le dico du citoyen
Le dico du français
Le dico des sectes

Dans la collection
Les Essentiels Milan

Responsable éditorial
Bernard Garaude
Directeur de collection – Édition
Dominique Auzel
Secrétariat d'édition
Véronique Sucère
Correction – révision
Jacques Devert
Iconographie
Sandrine Batlle
Conception graphique
Bruno Douin
Maquette-Infographies
Cécile Astruc-Isocèle
Fabrication
Isabelle Gaudon
Marie-line Danglades

Crédit Photo : © La Sept-Arte- 12.01.96 à
20h45 : p. 3 / M. Lounes-Gamma : pp. 4, 52 /
Lauros-Giraudon : p. 7 / Roger-Viollet : pp. 9,
13, 17 / Archives Larousse-Giraudon : p. 10 /
Archives Photos : pp. 15, 29, 41, 46 / E.
Cagatay-Gamma : p. 23 / L. Van Der Stock-
Gamma : p. 26 / D. Chauvet-Milan Presse :
pp. 30, 34, 36, 39, 42, 54, 55, 62 / S. Alix-
Gamma : p. 45 / Austen- Gamma : p. 49 /
Sungria : p. 50

*Les erreurs ou omissions
involontaires qui auraient pu
subsister dans cet ouvrage malgré
les soins et les contrôles de l'équipe
de rédaction ne sauraient engager
la responsabilité de l'éditeur.*

© 1996 Éditions MILAN
300, rue Léon-Joulin,
31101 Toulouse cedex 01 France

Aubin Imprimeur, 86240 Ligugé. — D.L. juillet 1998. — Impr. P 56516